DUDEN

Mathematik 1

Arbeitsheft

Herausgegeben von
Joachim Becherer und Dr. Andrea Schulz

Erarbeitet von
Joachim Becherer, Martin Gmeiner,
Alfred Haas, Harald Hübscher,
Hans J. Huschens, Melanie Schmandt,
Dr. Andrea Schulz, Heike Wadehn,
Birgit Zander

Duden Schulbuchverlag
Berlin, Mannheim

Inhaltsverzeichnis

Zählen und malen

1

2

3	1	4	2	6	5

3

1	3	4	6	2	5

Die Zahlen 1 und 2

1

1 1 1 1 1 1 1

2

3

2 2 2 2 2 2 2

4

Die Zahlen 3 und 4

1

3 3 3 3 3 3 3

2

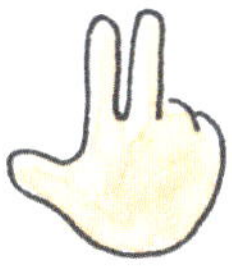

3

4 4 4 4 4 4 4

4

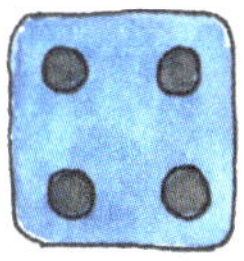

Die Zahlen 5 und 6

1

5 5 5 5 5 5 5

2

3

6 6 6 6 6 6 6

4

Die Zahlen 7 und 8

1

2

3

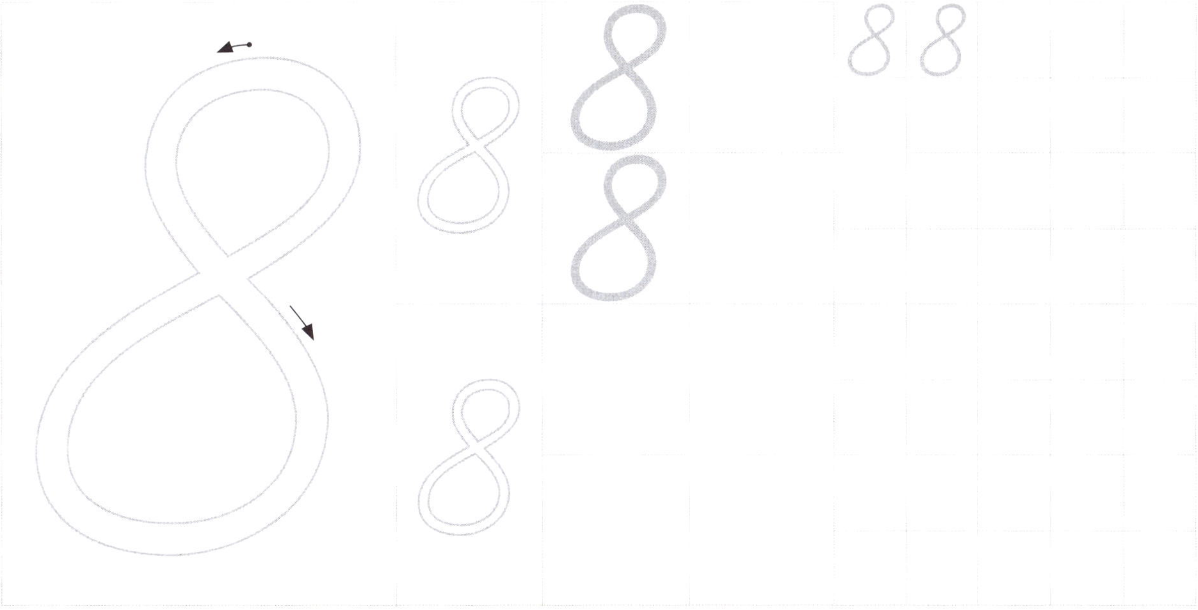

4

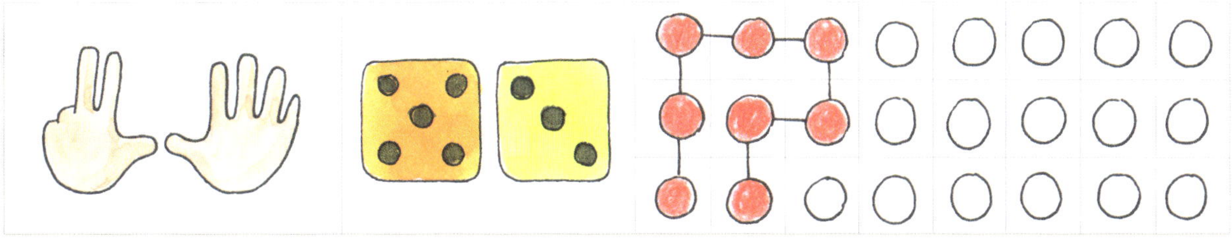

Die Zahlen 9 und 0

1

2

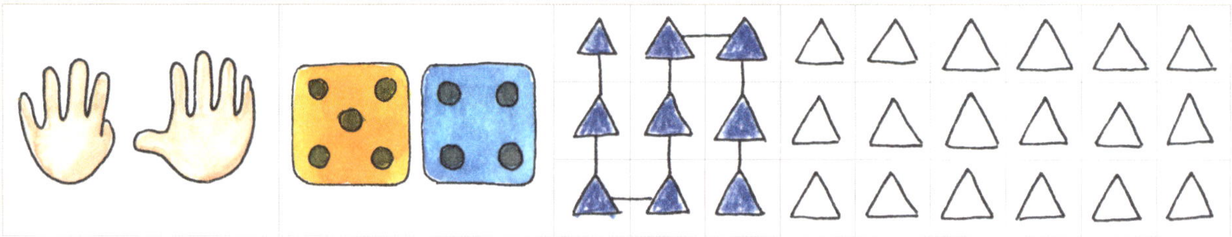

3

4

Zählen, legen und malen

1

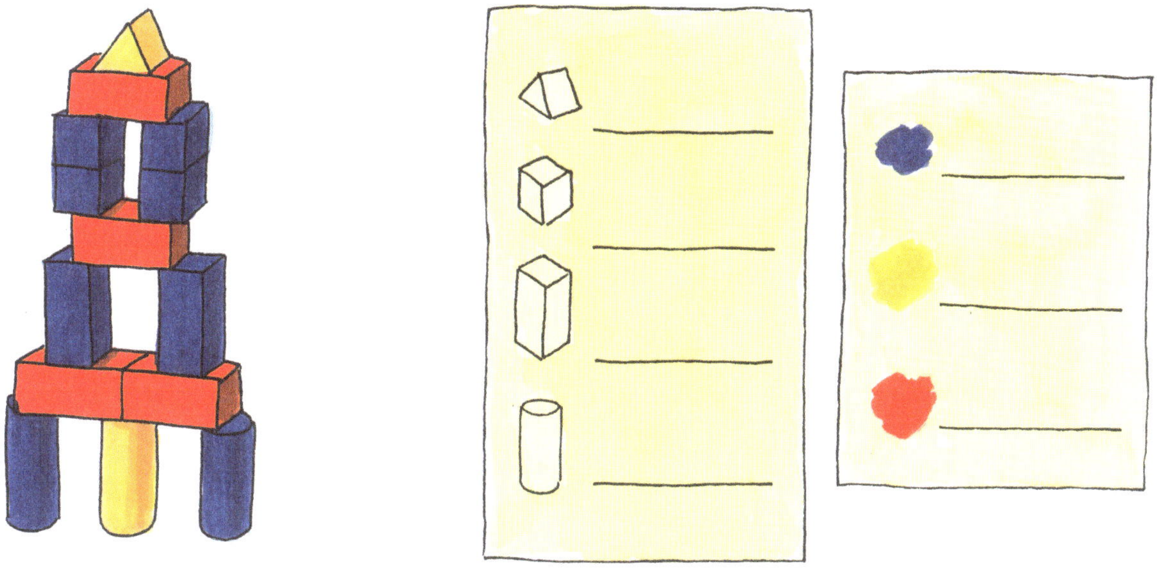

2

3

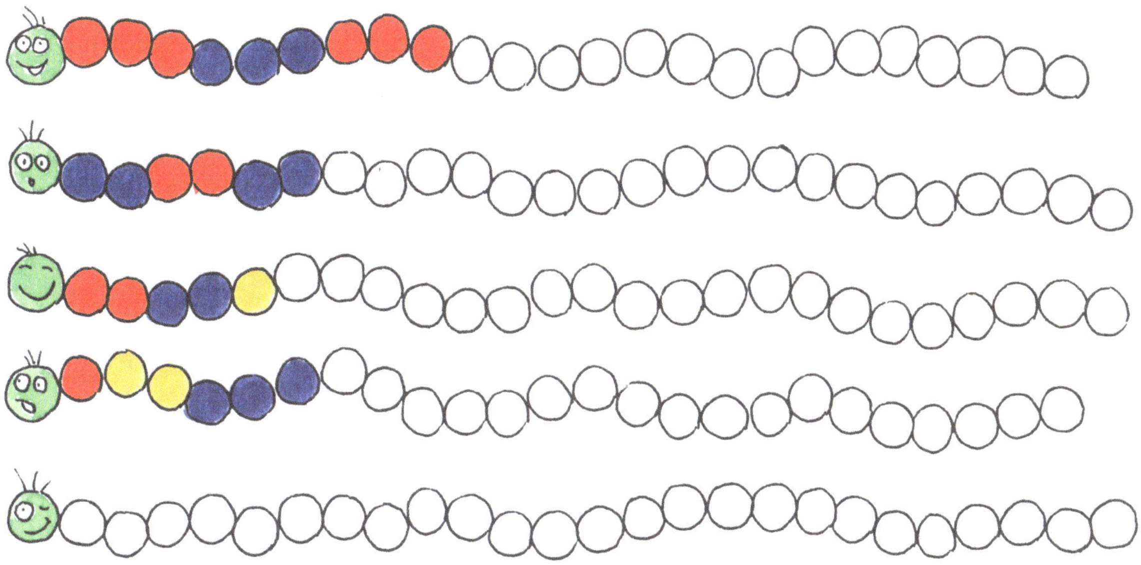

Lagebeziehungen

1

2 Welcher Weg führt zum Schatz?

Los	1 ↓	3 →	2 ↑	1 →	
Los	1 ↓	3 →	3 ↓	2 ←	
Los	4 →	2 ↓	1 →	1 ↑	
Los	2 →	3 ↓	3 →	1 ↓	

Bündeln

2

3

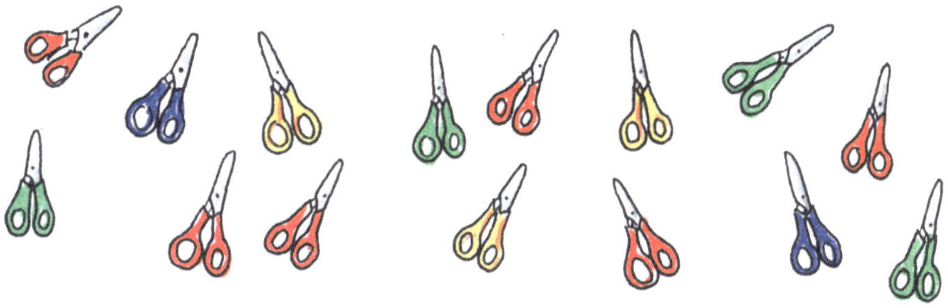

4

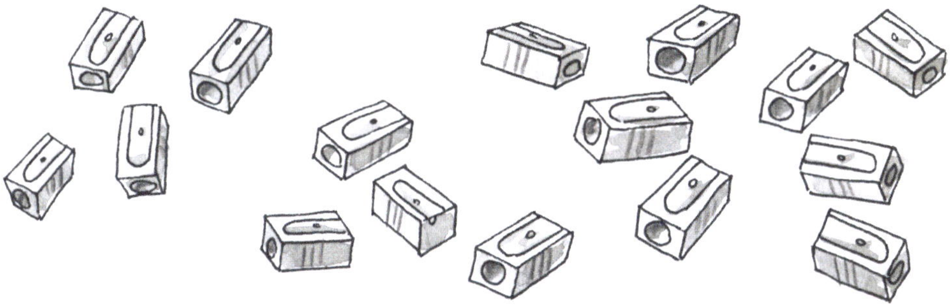

5

6

Anzahlen darstellen

1

5

___

___

___

2 Male. Immer 6.

3 Male. Immer 10.

4

6

___

___

5

___

___

___

Die Zahlen von 1 bis 10

1

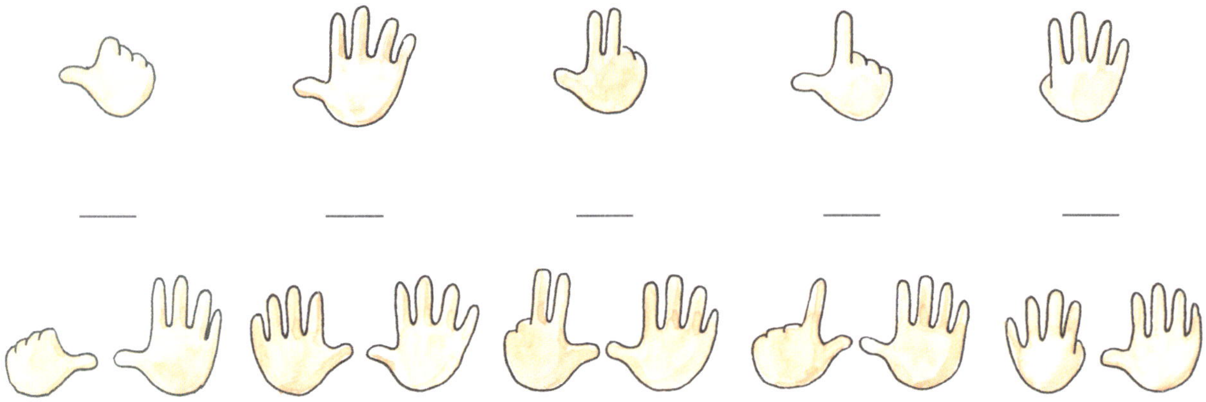

2

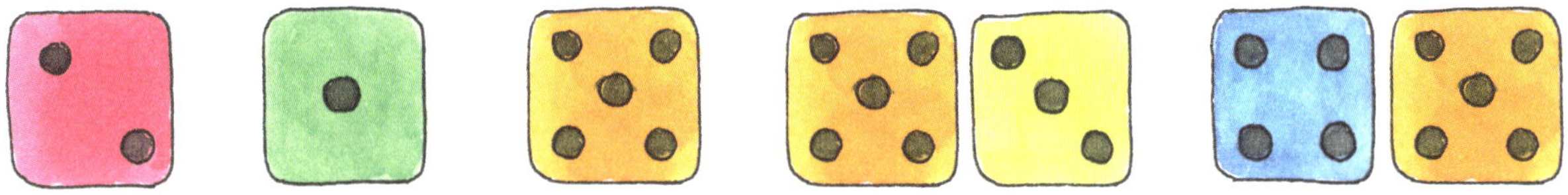

3

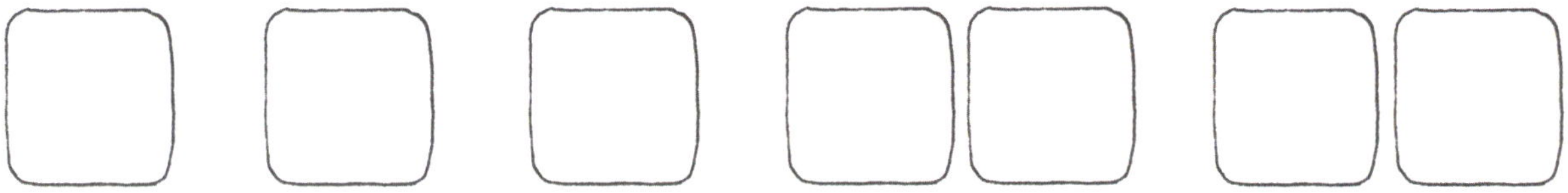

3 6 4 7 10

4

5

7 6 3 4 10

6

7

8 10

Zahlzerlegungen bis 10

1

2 + ___
___ + ___
___ + ___
___ + ___

___ + ___
___ + ___
___ + ___
___ + ___

___
___
___
___

2

2 + 2
1 + 3
0 + 4

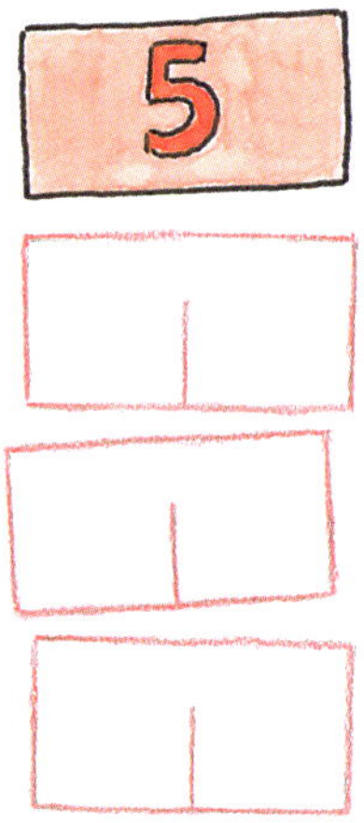

4 + ___
3 + ___
0 + ___

___
___
___

3

8

___ + ___

9

___ + ___ + ___

☐

___ + ___ + ___

4

6

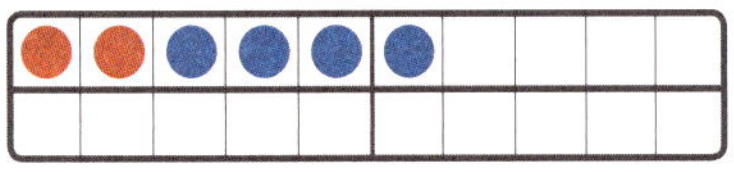

2 + ___

☐

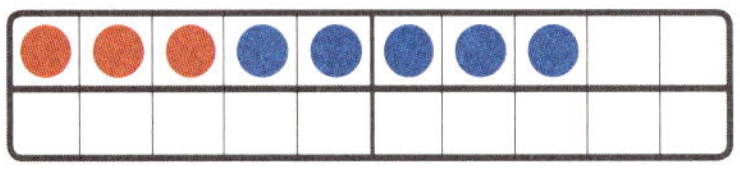

___ + ___

☐

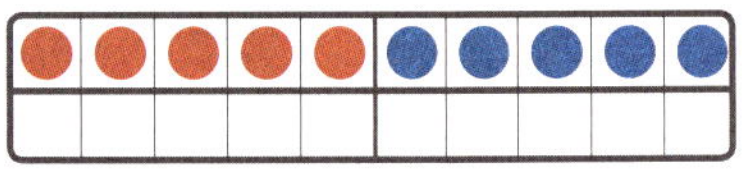

___ + ___

Zerlegungen

Zahlenreihe: Vorgänger und Nachfolger

1 1, ___, ___, ___, ___, ___, 7, ___, ___, ___

2 10, ___, ___, ___, ___, ___, ___, ___, 2, ___

3 3, 4, ___, ___

4 5, 4, ___, ___

5 7, ___, ___, 10

6 ___, 9, ___, 7

7

Vorgänger	Zahl	Nachfolger

	4	
	7	
	8	
	3	

Vorgänger	Zahl	Nachfolger

7		
		8
		5
	1	

8 1, 2, ___, ___, ___, ___, ___, ___, ___, 10

10, ___, ___, ___, ___, ___, ___, ___, ___, 1

9 2, 4, ___, ___, 10

1, 3, ___, ___, ___, 11

9, 7, ___, ___, 1

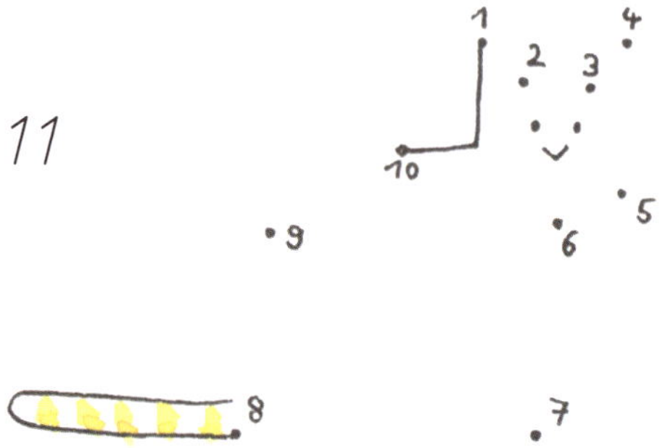

Zahlen vergleichen

1

 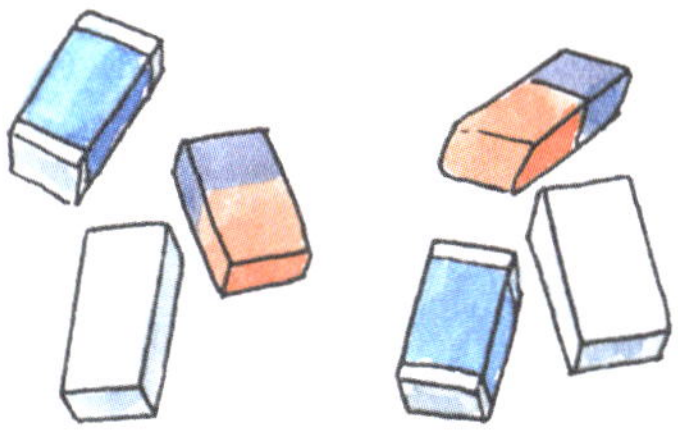 

4 < ___ | ___ ○ ___ | ___ ○ ___

2

  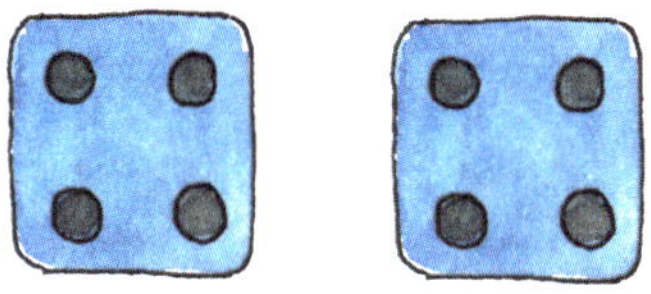

1 ○ 5 | 6 ○ 3 | 4 ○ 4

3

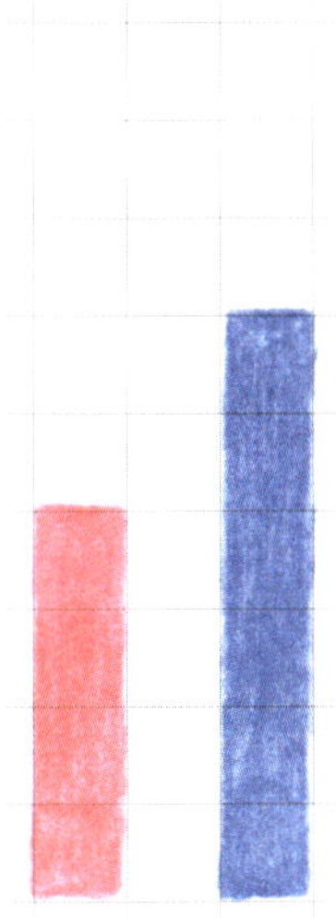

4 ○ ___ | 3 ○ 5 | 7 ○ 4 | 8 ○ 7

4

1 ○ 2	10 ○ 5	6 ○ 6	5 ○ 0
6 ○ 3	9 ○ 6	9 ○ 7	6 ○ 5
3 ○ 4	7 ○ 8	2 ○ 5	3 ○ 8
4 ○ 5	8 ○ 7	4 ○ 10	7 ○ 7

5

5 > ___	___ < 6	4 < ___	___ < 10
5 > ___	___ < 6	4 < ___	___ < 10
5 > ___	___ < 6	4 < ___	___ < 10
5 > ___	___ < 6	4 < ___	___ < 10

Die Zahlen bis 20

10

11

12

13

14

15

16

17

18

19

20

Einführung der Addition

1

8 + ___ = ___

___ + ___ = ___

2

___ + ___ = ___

___ + ___ = ___

3

___ + ___ = ___

___ + ___ = ___

___ + ___ = ___

___ + ___ = ___

___ + ___ = ___

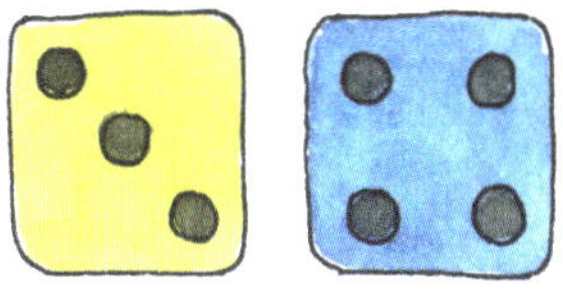

___ + ___ = ___

4

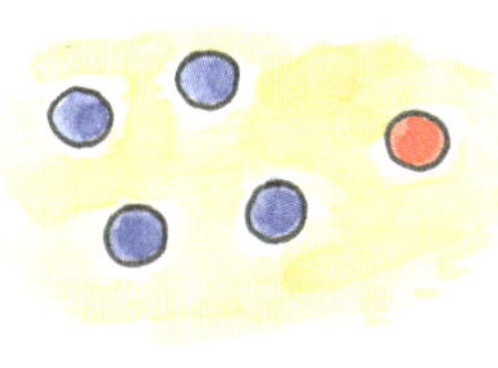

___ + ___ = ___

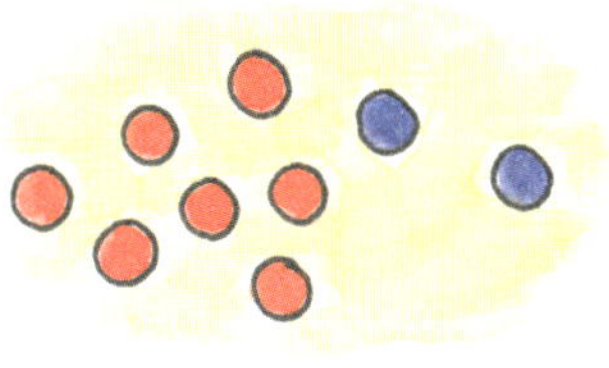

___ + ___ = ___

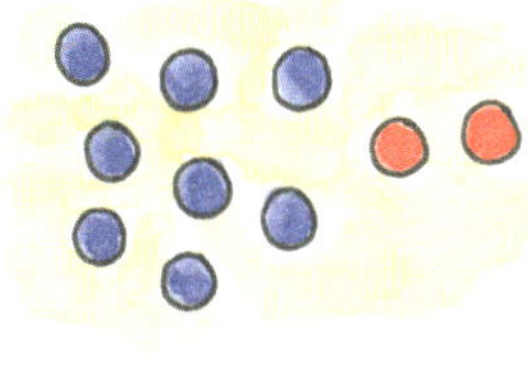

___ + ___ = ___

Addieren mit dem Zwanzigerfeld

1

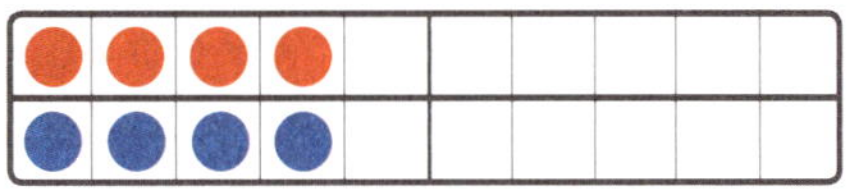

4 + 4 = ___

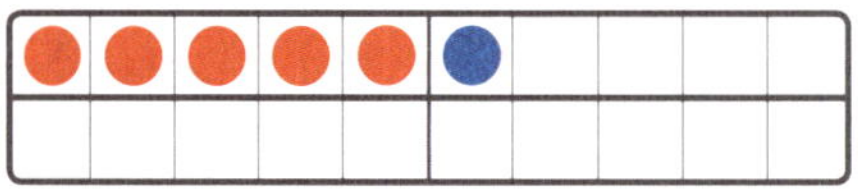

___ + ___ = ___

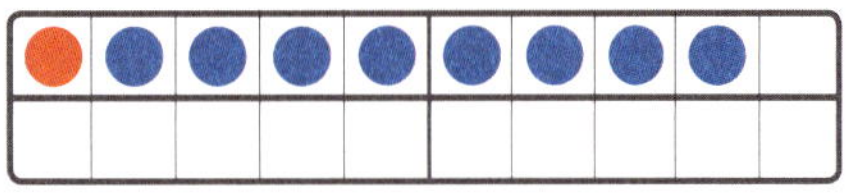

___ + ___ = ___

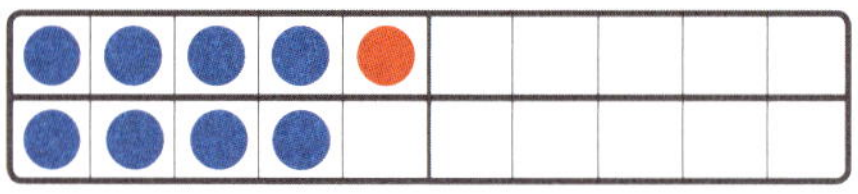

___ + ___ = ___

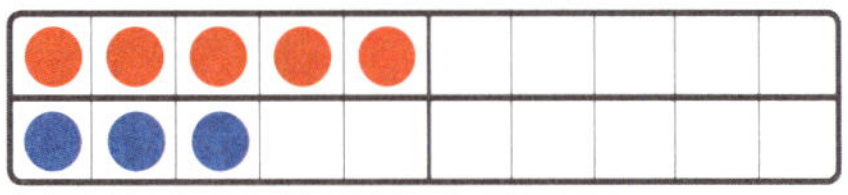

___ + ___ = ___

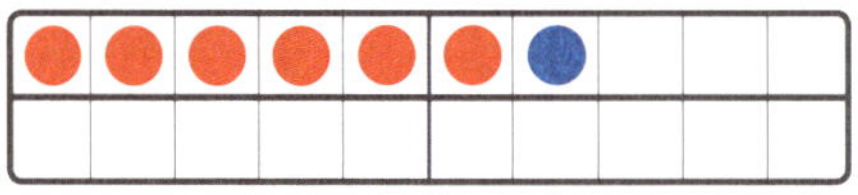

___ + ___ = ___

2

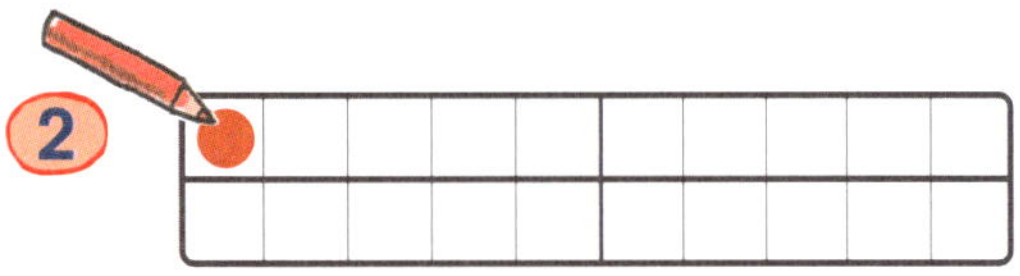

3 + 1 = ___

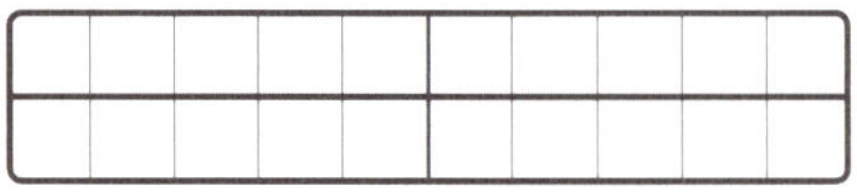

2 + 3 = ___

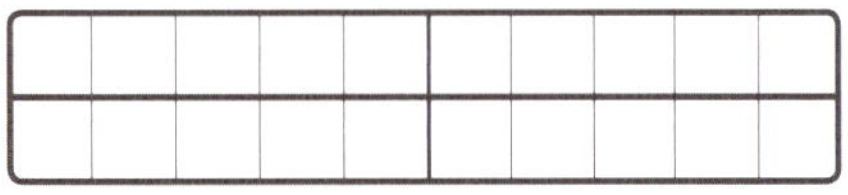

4 + 2 = ___

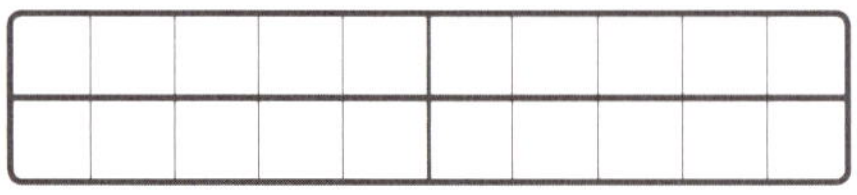

3 + 3 = ___

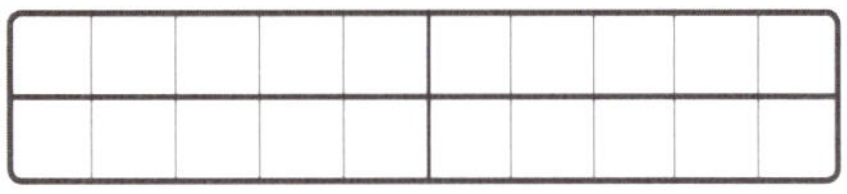

7 + 3 = ___

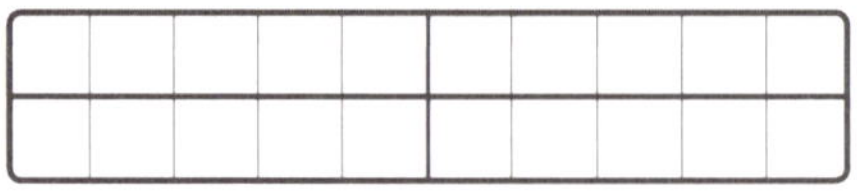

6 + 4 = ___

3

1 + 0 = ___	2 + 2 = ___	2 + 1 = ___	1 + 9 = ___
1 + 1 = ___	3 + 2 = ___	0 + 4 = ___	5 + 4 = ___
1 + 2 = ___	4 + 2 = ___	4 + 1 = ___	6 + 2 = ___
1 + 3 = ___	5 + 2 = ___	3 + 3 = ___	3 + 4 = ___

4

3 + 7 = ___	1 + 7 = ___	2 + 7 = ___	1 + 6 = ___
5 + 5 = ___	2 + 6 = ___	3 + 6 = ___	2 + 5 = ___
7 + 3 = ___	3 + 5 = ___	4 + 5 = ___	3 + 4 = ___
9 + 0 = ___	4 + 3 = ___	5 + 5 = ___	5 + 3 = ___

Tauschaufgaben

1

4 + 3 = __

__ + __ = __

2

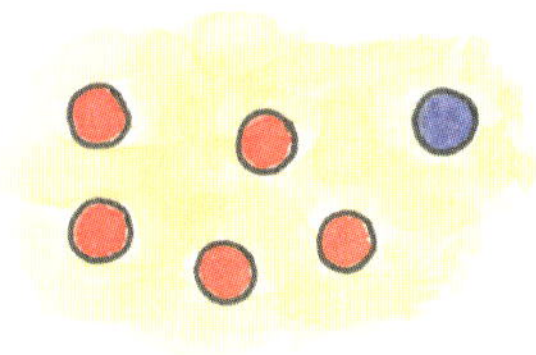

__ + __ = __
__ + __ = __

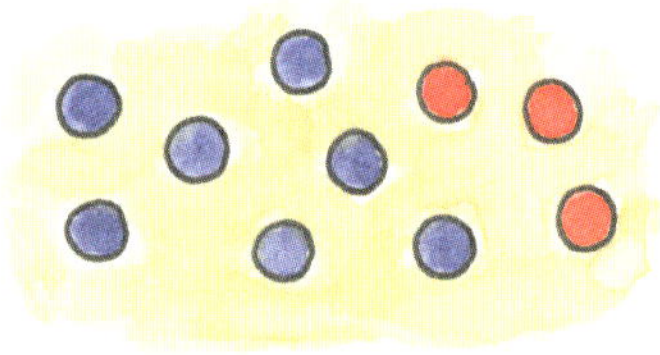

__ + __ = __
__ + __ = __

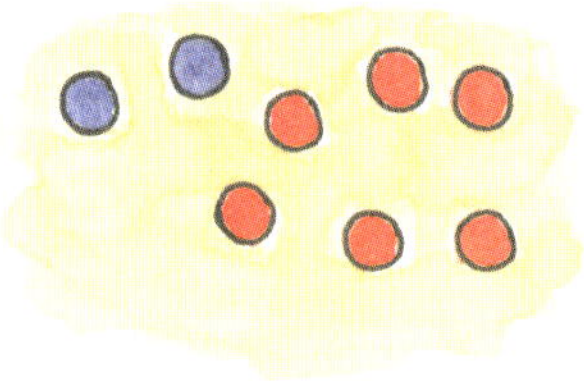

__ + __ = __
__ + __ = __

3

3 + 2 =

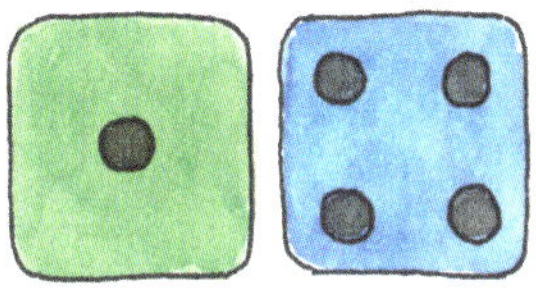

4

2 + 5 = __	4 + 6 = __	2 + 7 = __	3 + 5 = __
5 + 2 = __	6 + 4 = __	7 + 2 = __	5 + 3 = __

5

1 + 3 = __	2 + 4 = __	0 + 7 = __	9 + 1 = __
__ + __ = __	__ + __ = __	__ + __ = __	__ + __ = __

6

__ + __ = __	__ + __ = __	__ + __ = __	__ + __ = __
8 + 2 = __	6 + 2 = __	3 + 6 = __	7 + 3 = __

Verdopplungsaufgaben

1 Spiegle und rechne.

__ + __ = __   __ + __ = __   __ + __ = __

2

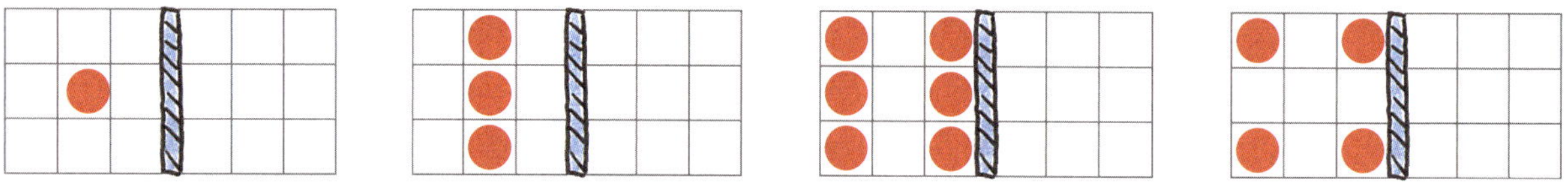

__ + __ = __   __ + __ = __   __ + __ = __   __ + __ = __

3 Verdopple.

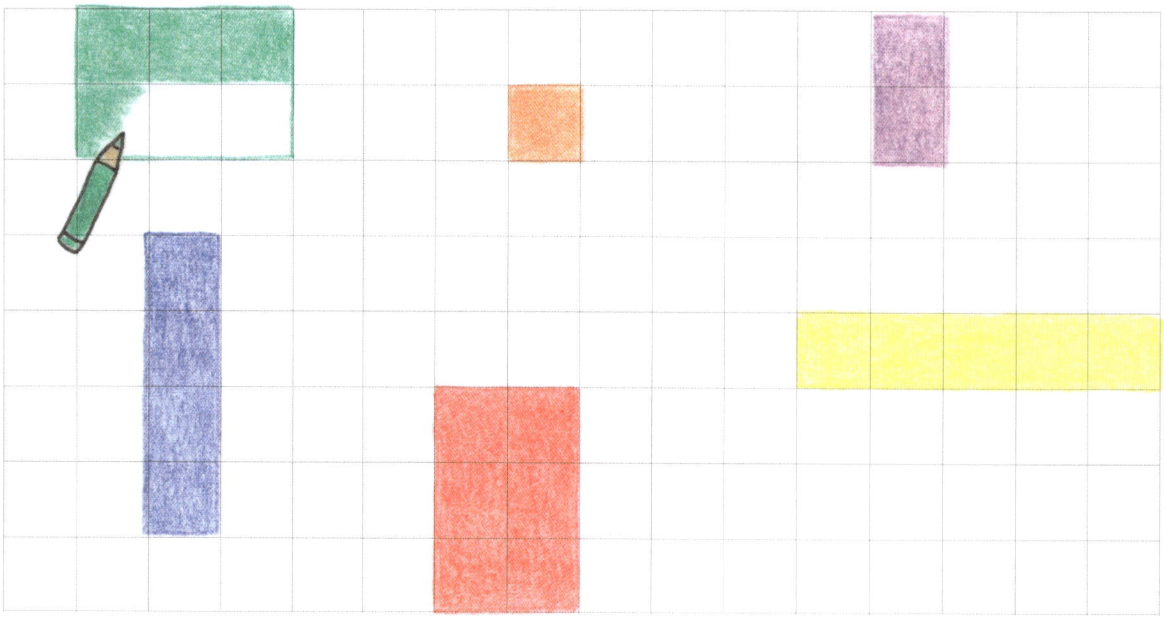

4

3 + 0 = __	5 + 5 = __	1 + 1 = __	1 + 9 = __
3 + 1 = __	5 + 4 = __	2 + 2 = __	2 + 8 = __
3 + 3 = __	5 + 3 = __	3 + 3 = __	3 + 7 = __
3 + 5 = __	5 + 2 = __	4 + 4 = __	4 + 6 = __
3 + 7 = __	5 + 1 = __	5 + 5 = __	5 + 5 = __

Übungen zur Addition

1

__ + __ = __

2

3 + 4 = __

5 + 2 = __

6 + 3 = __

7 + 1 = __

3 Bilde Aufgaben zu

4

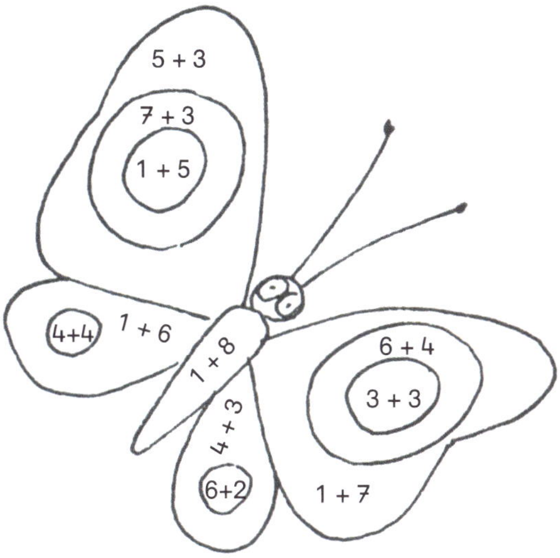

8

10

6

7

9

Einführung der Subtraktion

1

9 − 2 = ___

___ − ___ = ___

2

___ − ___ = ___

___ − ___ = ___

3

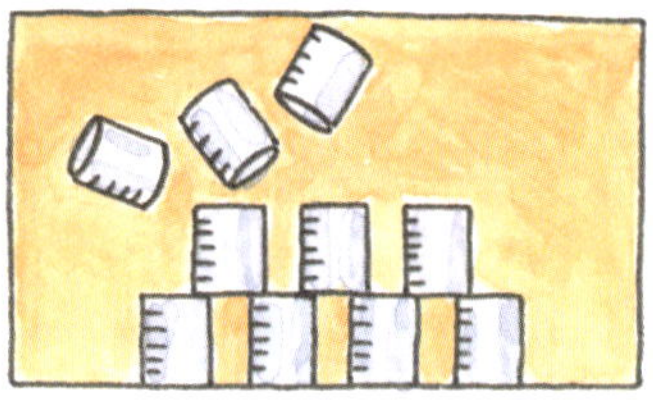

___ − ___ = ___

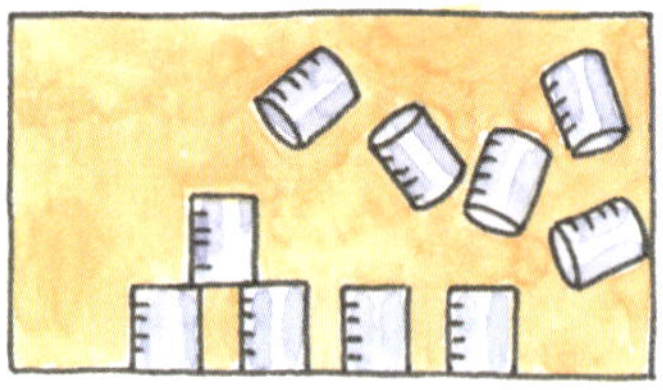

___ − ___ = ___

___ − ___ = ___

4

___ − ___ = ___

___ − ___ = ___

___ − ___ = ___

5

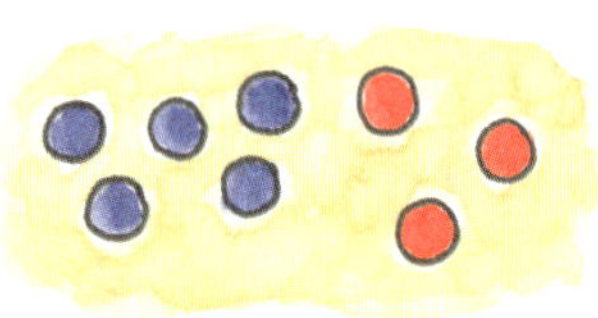

8 − ___ = ___
8 − ___ = ___

___ − ___ = ___
___ − ___ = ___

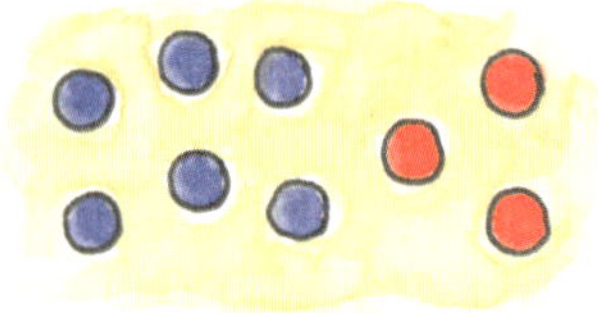

___ − ___ = ___
___ − ___ = ___

Subtrahieren mit dem Zwanzigerfeld

1

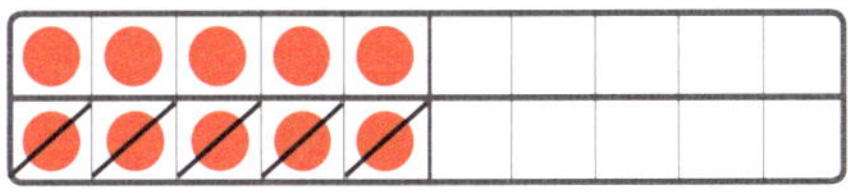

10 – 5 = ___

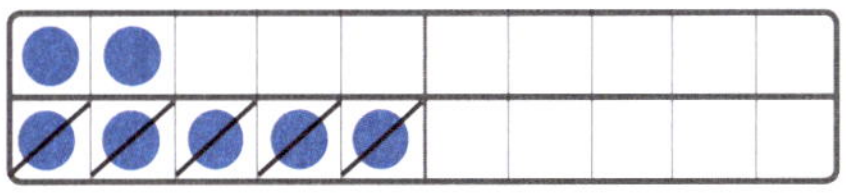

7 – ___ = ___

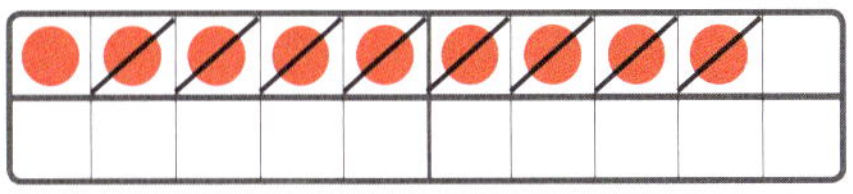

___ – ___ = ___

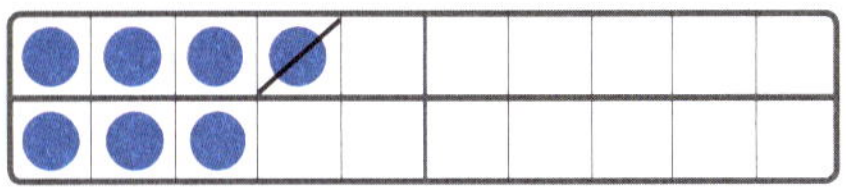

___ – ___ = ___

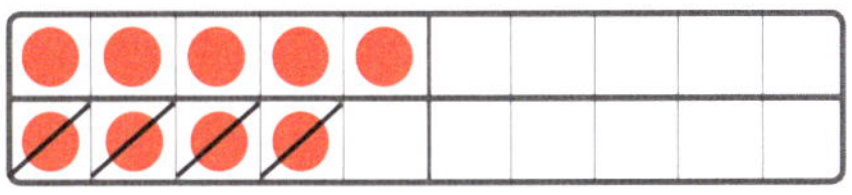

___ – ___ = ___

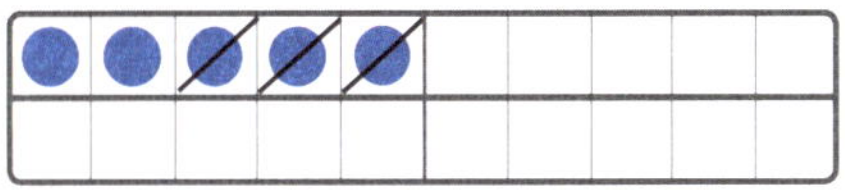

___ – ___ = ___

2

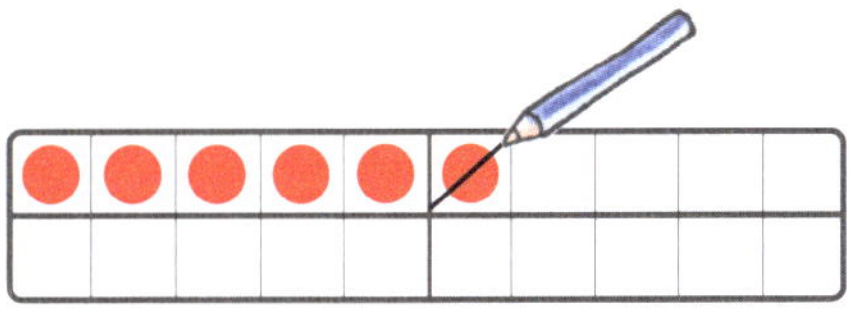

6 – 2 = ___

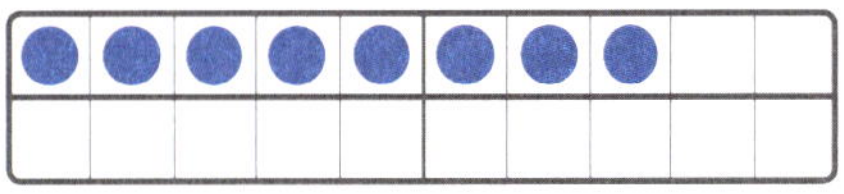

8 – 3 = ___

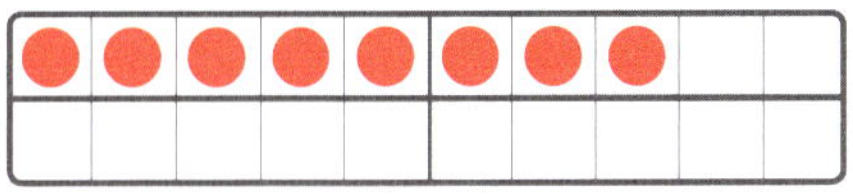

8 – 1 = ___

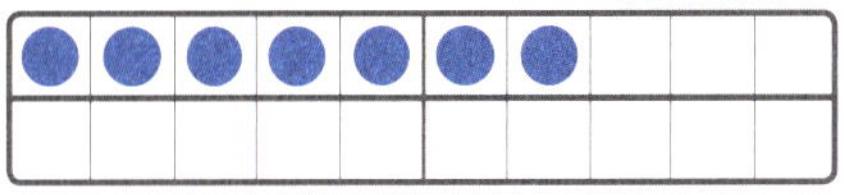

7 – 3 = ___

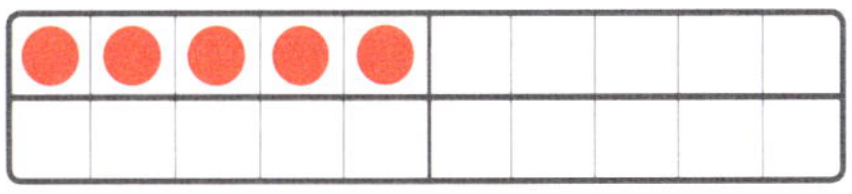

5 – 4 = ___

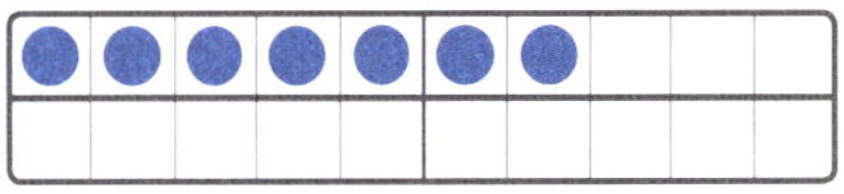

7 – 7 = ___

3

10 – 1 = ___	2 – 2 = ___	4 – 1 = ___	10 – 9 = ___
9 – 1 = ___	3 – 2 = ___	4 – 2 = ___	8 – 7 = ___
8 – 1 = ___	4 – 2 = ___	4 – 3 = ___	6 – 5 = ___
7 – 1 = ___	5 – 2 = ___	4 – 4 = ___	4 – 3 = ___

4

9 – 7 = ___	9 – 5 = ___	9 – 8 = ___	10 – 0 = ___
6 – 4 = ___	7 – 3 = ___	8 – 6 = ___	9 – 1 = ___
8 – 6 = ___	8 – 5 = ___	7 – 4 = ___	8 – 2 = ___
3 – 2 = ___	6 – 2 = ___	6 – 3 = ___	7 – 5 = ___

Umkehraufgaben und Aufgabenfamilien

1

6 + 3 = ___ 9 – 3 = ___

2

4 + 1 = ___
5 – 1 = ___

___ + ___ = ___
___ – ___ = ___

___ + ___ = ___
___ – ___ = ___

3

4 + 5 = ___ 2 + 0 = ___ 8 + 1 = ___ 3 + 4 = ___
9 – 5 = ___ 2 – 0 = ___ 9 – 1 = ___ 7 – 4 = ___

4

9 – 6 = ___ 10 – 9 = ___ 7 – 3 = ___ 6 – 1 = ___
___ + ___ = ___ ___ + ___ = ___ ___ + ___ = ___ ___ + ___ = ___

5

5 6 1

5 + 1 = ___
1 + 5 = ___
6 – 1 = ___
6 – 5 = ___

3 4 7

___ + ___ = ___
___ + ___ = ___
___ – ___ = ___
___ – ___ = ___

2 7 9

___ + ___ = ___
___ + ___ = ___
___ – ___ = ___
___ – ___ = ___

Halbieren und ergänzen

1 Halbiere.

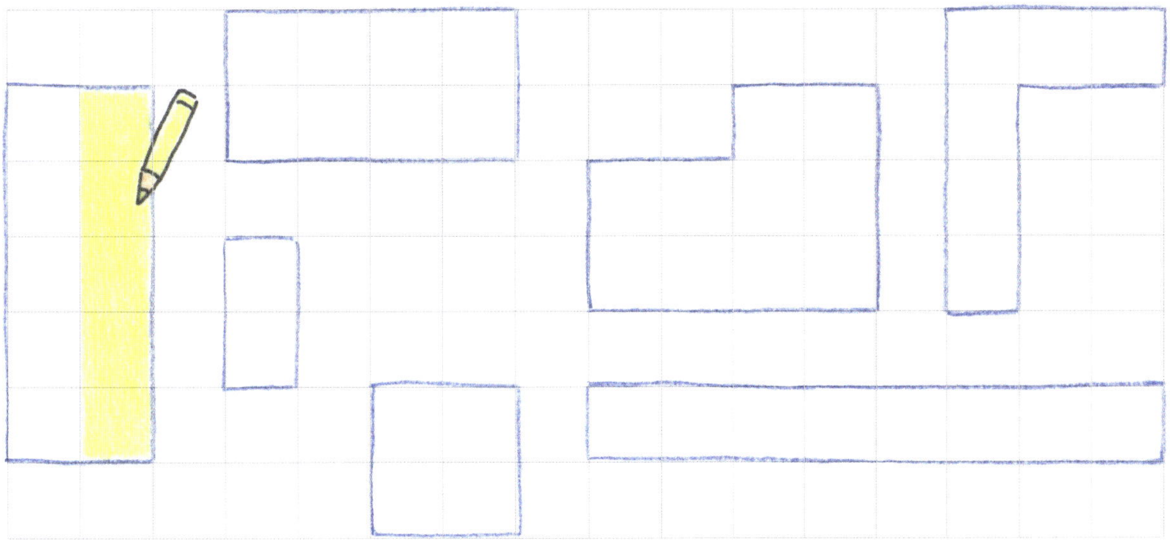

2

3 Wie viele fehlen noch bis 10?

6 + ___ = 10	9 + ___ = 10	___ + ___ = 10	___ + ___ = 10

4

3 + ___ = 9	4 + ___ = 7
3 + ___ = 7	4 + ___ = 8
3 + ___ = 5	4 + ___ = 9
3 + ___ = 3	4 + ___ = 10

5

___ + 4 = 9	___ + 8 = 9
___ + 5 = 9	___ + 7 = 9
___ + 2 = 9	___ + 6 = 9
___ + 3 = 9	___ + 5 = 9

Übungen zur Subtraktion

1

__ − __ = __

2

5 − 0 = __	10 − 1 = __	4 − 2 = __	10 − 3 = __
5 − 1 = __	9 − 1 = __	5 − 2 = __	10 − 4 = __
5 − 2 = __	8 − 1 = __	6 − 2 = __	10 − 5 = __
5 − 3 = __	7 − 1 = __	7 − 2 = __	10 − 6 = __
5 − 4 = __	6 − 1 = __	8 − 2 = __	10 − 7 = __
5 − 5 = __	5 − 1 = __	9 − 2 = __	10 − 8 = __

3

4

10 - 7 = 4
7 - 2 = 6
6 - 3 = 2
10 - 4 = 5
9 - 6 = 2
8 - 8 = 1

1 0 - 7 =

Rechnen mit Geld

1

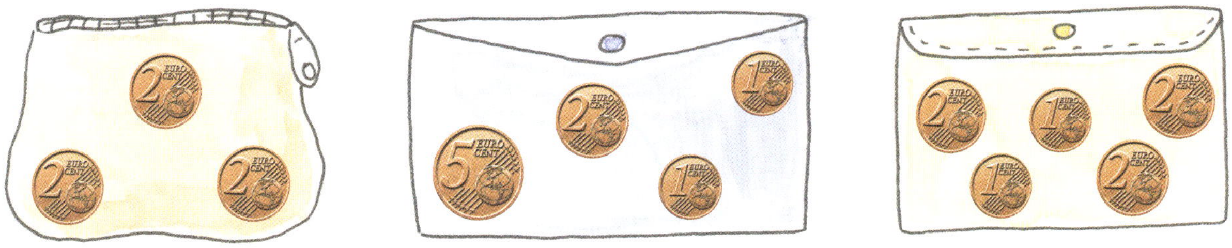

__ Cent __ Cent __ Cent

2 Immer 10 Cent.

3 Was fehlt? Male.

5 Euro 8 Euro 7 Euro

4 Immer 10 Euro.

Körper und Flächen

1 Kreise in der passenden Farbe ein.

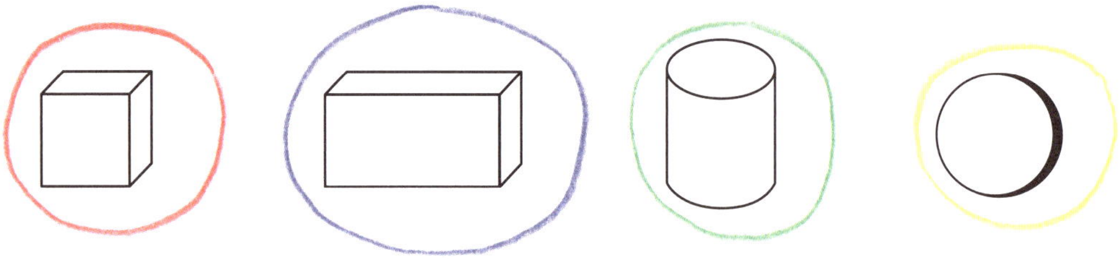

2

3

Die Zahlen von 10 bis 20

Zehner und Einer

1

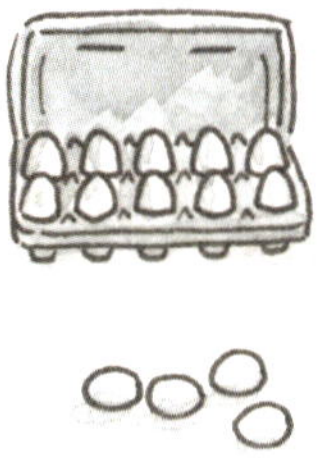

Z	E

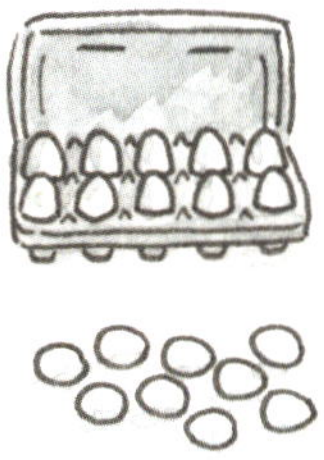

Z	E

Z	E

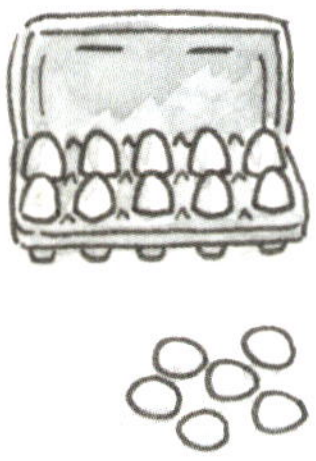

Z	E

2

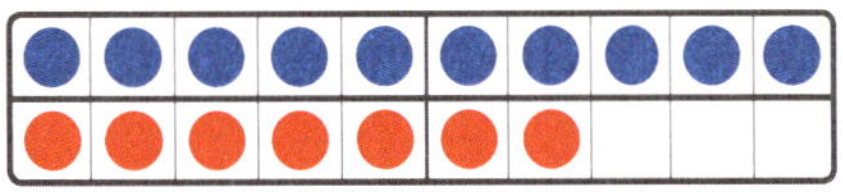

Z	E

10 + ___ = ___

Z	E
1	6

10 + ___ = ___

Z	E

10 + 5 = ___

Z	E
1	8

10 + ___ = ___

Z	E
1	3

10 + ___ = ___

Z	E

10 + 10 = ___

3

12 = 10 + ___
18 = 10 + ___
13 = 10 + ___
10 = 10 + ___
16 = 10 + ___

___ = 10 + 4
___ = 10 + 7
___ = 10 + 8
___ = 10 + 1
___ = 10 + 5

4

16 − 6 = ___
17 − 7 = ___
18 − 8 = ___
19 − 9 = ___
20 − 10 = ___

13 − ___ = 10
12 − ___ = 10
11 − ___ = 10
14 − ___ = 10
17 − ___ = 10

Zahlen bis 20, Zahlen vergleichen

1

2

3 <, > oder = ?

6	◯	8	9	◯	7	5	◯	5	2	◯	4
16	◯	18	19	◯	17	15	◯	15	12	◯	14

4

13	◯	15	20	◯	19	16	◯	20	18	◯	18
11	◯	14	17	◯	18	15	◯	10	17	◯	13
16	◯	12	12	◯	12	19	◯	11	14	◯	16

5

0, ___, ___, ___, ___, ___, ___

6

19, ___, ___, ___, ___, ___, ___

7

2, 4, 6, ___, ___, ___, ___, ___, ___, ___, ___

4, 8, 12, ___, ___, ___

21, 19, 17, ___, ___, ___, ___, ___, ___, ___, ___

5, 10, ___, ___, ___

Nachbarzahlen und Ordnungszahlen

1

V	Z	N
	5	
	15	
	6	
	16	

V	Z	N
10		
	19	
17		
		14

V	Z	N
		18
11		
	14	
		13

2 Lexi hat gemalt. Lege die Reihenfolge fest.

2.

1.

3 Lexi hat gebaut. Lege die Reihenfolge fest.

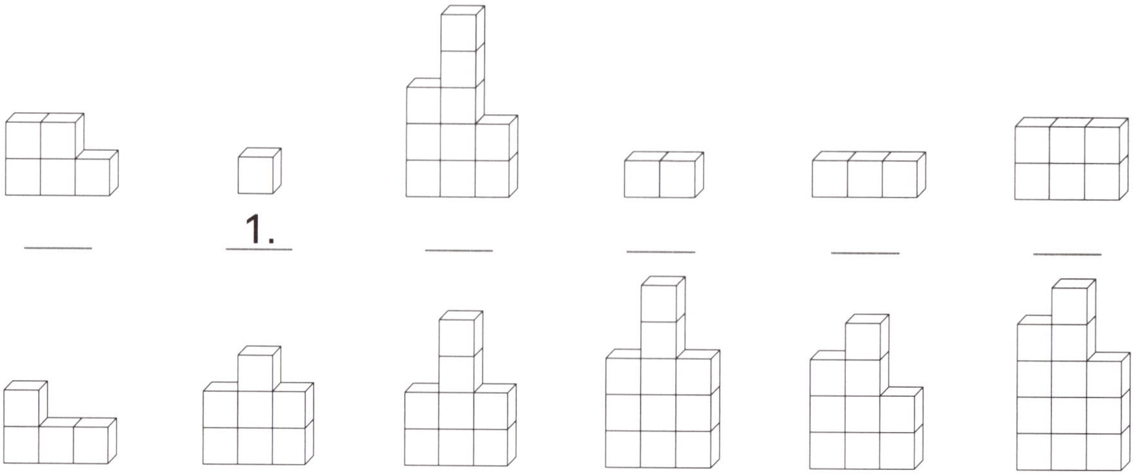

1.

12.

Addieren im Zahlenraum zwischen 10 und 20

1

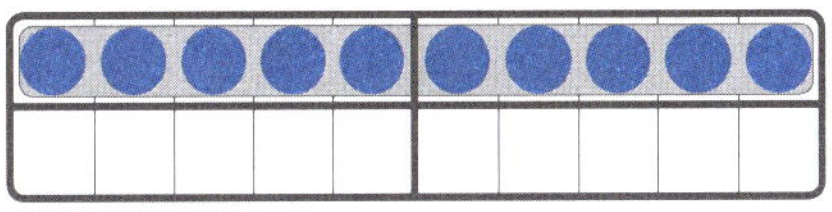

5 + 4 = ___
15 + 4 = ___

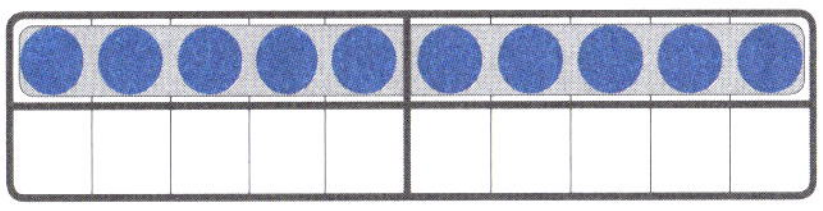

2 + 6 = ___
12 + 6 = ___

2

6 + 1 = ___	1 + 7 = ___	4 + 4 = ___	2 + 5 = ___
16 + 1 = ___	11 + 7 = ___	14 + 4 = ___	12 + 5 = ___

3 Rechne zuerst die einfache Aufgabe.

15 + 3 = ___	13 + 6 = ___	10 + 8 = ___	11 + 9 = ___
5 + 3 = ___	3 + 6 = ___	___ + ___ = ___	___ + ___ = ___

4 Wie geht es weiter?

11 + 6 = ___	13 + 1 = ___
11 + 7 = ___	13 + 2 = ___
11 + ___ = ___	13 + ___ = ___
11 + ___ = ___	13 + ___ = ___

5

15 + 5 = ___	10 + 6 = ___
14 + 6 = ___	12 + 4 = ___
13 + ___ = ___	14 + ___ = ___
___ + ___ = ___	16 + ___ = ___

6

2 + 11 = ___	7 + 10 = ___	1 + 15 = ___	14 + 3 = ___
5 + 12 = ___	4 + 13 = ___	4 + 12 = ___	13 + 2 = ___
1 + 14 = ___	3 + 12 = ___	5 + 11 = ___	11 + 4 = ___

7

+	3	4	5
10			
13			
15			

+	2	6	7
11			
13			
12			

+	11	12	14
5			
4			
3			

Subtrahieren im Zahlenraum zwischen 10 und 20

1

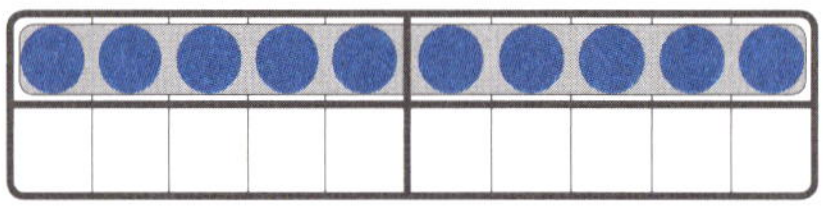

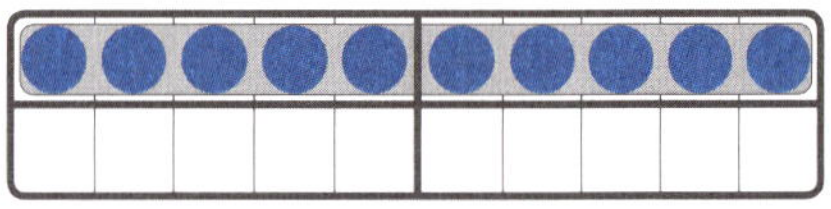

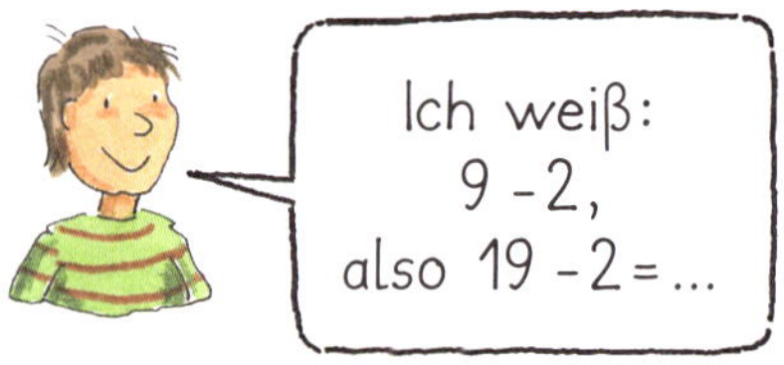

9 – 2 = ___
19 – 2 = ___

8 – 3 = ___
18 – 3 = ___

2

4 – 3 = ___ 8 – 4 = ___ 7 – 3 = ___ 6 – 1 = ___
14 – 3 = ___ 18 – 4 = ___ 17 – 3 = ___ 16 – 1 = ___

3 Rechne zuerst die einfache Aufgabe.

15 – 2 = ___ 16 – 5 = ___ 19 – 6 = ___ 18 – 2 = ___
5 – 2 = ___ 6 – 5 = ___ ___ – ___ = ___ ___ – ___ = ___

4 Wie geht es weiter?

16 – 1 = ___
16 – 2 = ___
16 – 3 = ___
___ – ___ = ___

19 – 3 = ___
17 – 3 = ___
15 – 3 = ___
___ – ___ = ___

5

20 – 2 = ___
20 – 4 = ___
___ – ___ = ___
20 – 8 = ___

___ – ___ = ___
18 – 4 = ___
17 – 5 = ___
16 – 6 = ___

6

20 – 3 = ___ 17 – 2 = ___ 11 – 1 = ___ 20 – 4 = ___
17 – 5 = ___ 18 – 5 = ___ 19 – 8 = ___ 19 – 5 = ___
18 – 7 = ___ 16 – 4 = ___ 17 – 4 = ___ 18 – 6 = ___
16 – 3 = ___ 19 – 7 = ___ 15 – 3 = ___ 17 – 7 = ___

7

–	1	2	3
13			
14			
15			

–	4	7	0
20			
19			
18			

–	6	8	5
10			
18			
20			

Legen und rechnen mit Geld

1

___ Euro

___ Euro

___ Euro

2 Welche Münzen und Scheine fehlen? Trage ein.

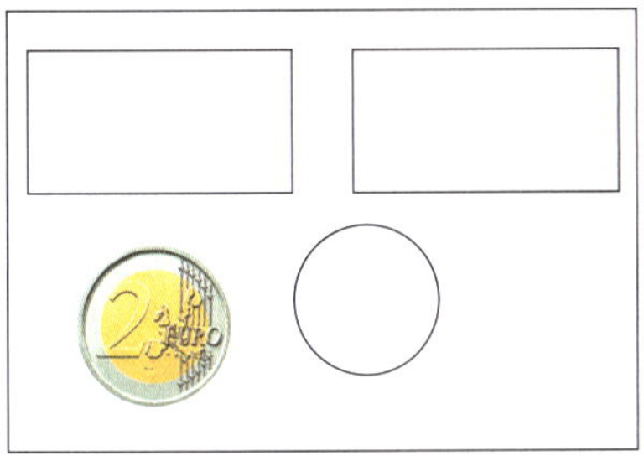

13 Euro

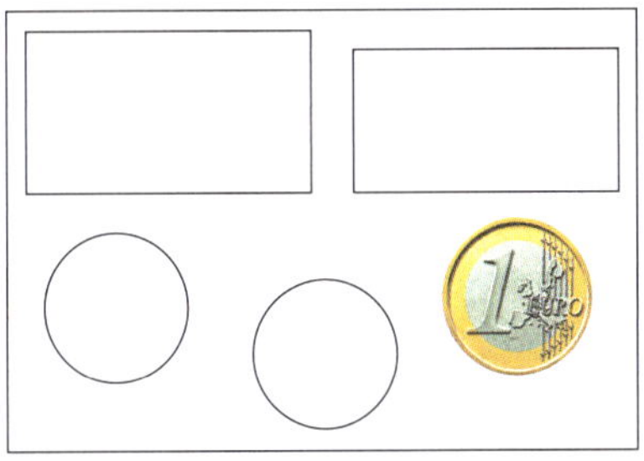

18 Euro

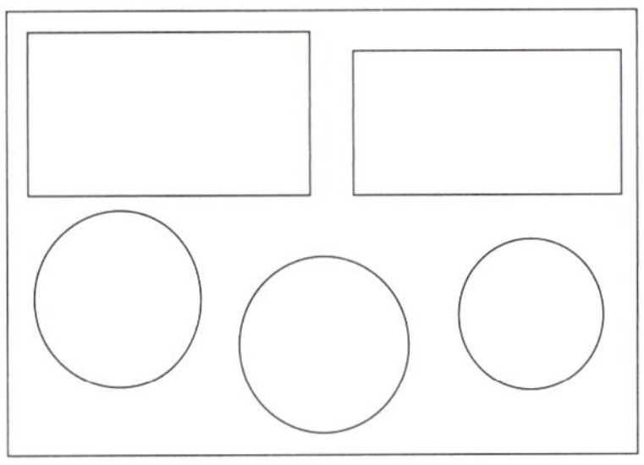

20 Euro

3 Lege und male.

13 Cent

15 Cent

17 Cent

4

	mit drei Münzen	mit vier Münzen
12 Cent		
16 Cent		

Sachrechnen

1

zusammen ___ €

zusammen ___ €

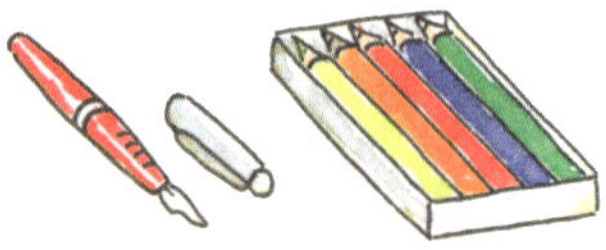

zusammen ___ €

2

zusammen ___ €

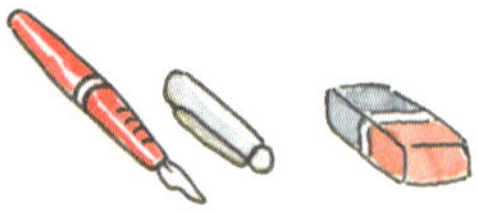

zusammen ___ €

zusammen ___ €

3 Lea kauft:

Sie bezahlt ___ €.

Paul kauft:

Er bezahlt ___ €.

Lexi kauft:

Lexi bezahlt ___ €.

Dreiecke, Vierecke und Kreise

1 Verbinde.

2 Ergänze zu Dreiecken oder Vierecken.

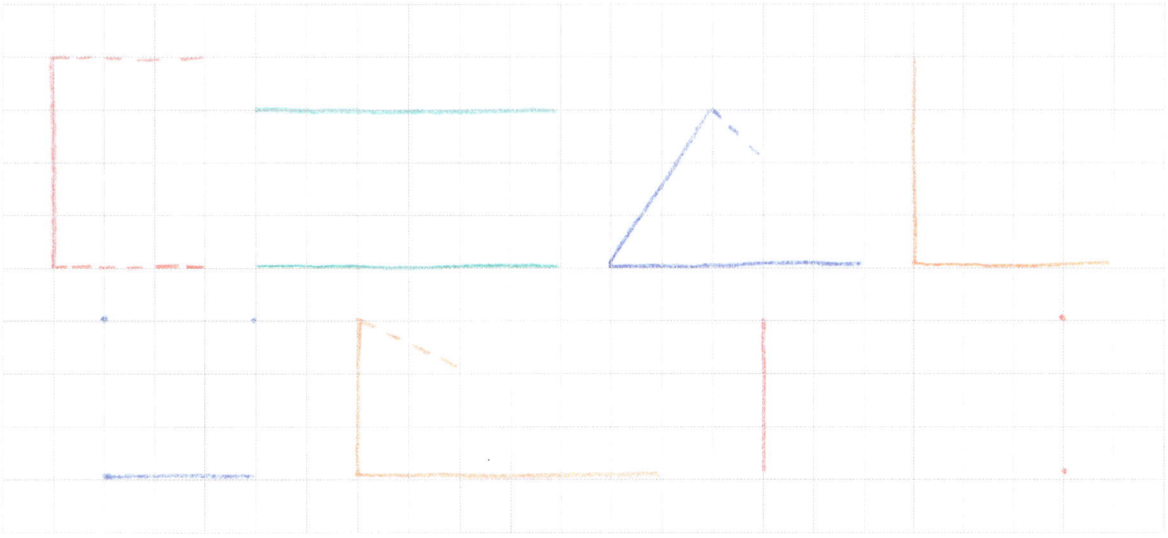

3 Übertrage.

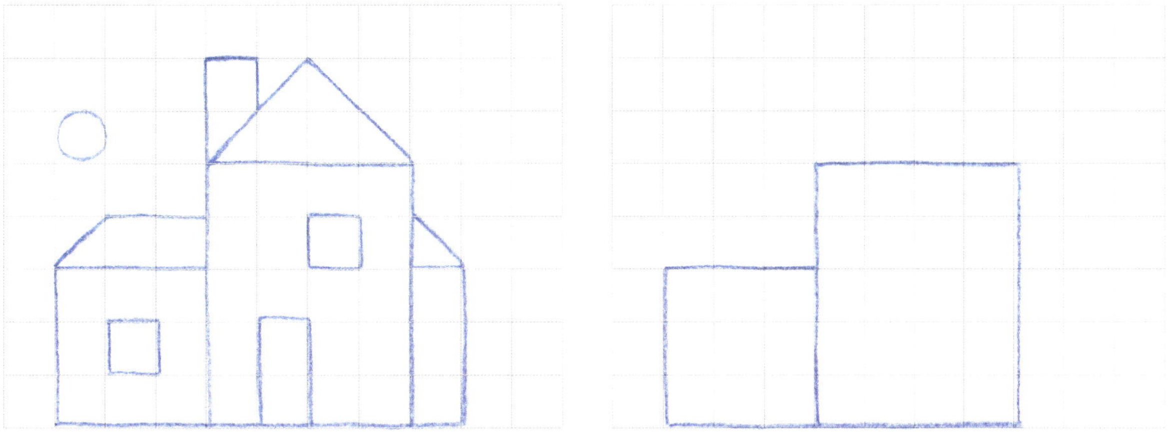

Muster

1 Zeichne die Muster weiter.

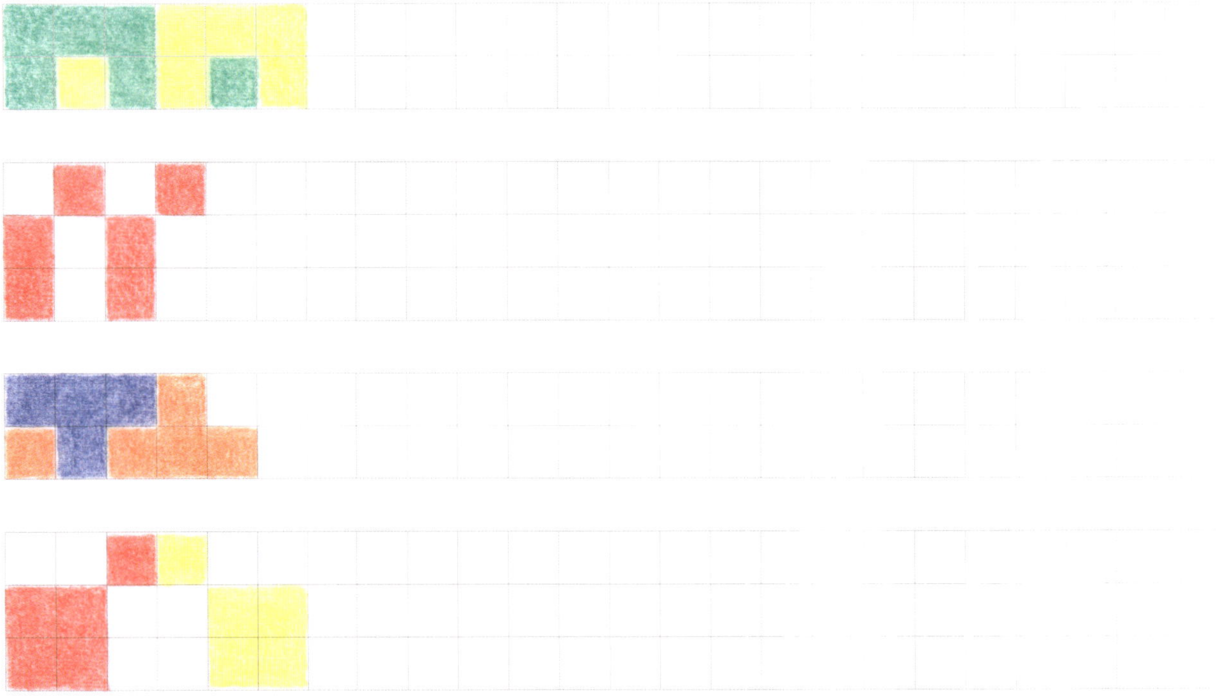

2 Erfinde eigene Muster.

3 Erfinde eigene Muster. Verwende: 

Übungen zur Addition und Subtraktion

1

6	3	5	9
6 + 0	+ 3	+	+ 9
5 +	+ 2	+	+ 8
4 +	+ 1	+	2 +
+	+ 0	+	3 +
+		+ 4	+ 5
+		+ 5	+ 4
+			6 +
			7 +
			+ 1
			+ 0

2

(top: empty) / 4, (empty) / 2, (empty), 2	12 / (empty), 6 / (empty), 3, (empty)	16 / 8, (empty) / 4, (empty), (empty)

3 Immer 10.

__ + __ + __ __ + __ + __ __ + __ + __

__ + __ + __ __ + __ + __ __ + __ + __

4 Rund um die 10.

2 + __ = 10	10 + __ = 14	13 – __ = 10	10 – __ = 3
6 + __ = 10	10 + __ = 17	19 – __ = 10	10 – __ = 7
9 + __ = 10	10 + __ = 20	16 – __ = 10	10 – __ = 5
5 + __ = 10	10 + __ = 15	12 – __ = 10	10 – __ = 0

Addieren auf unterschiedliche Weise

1

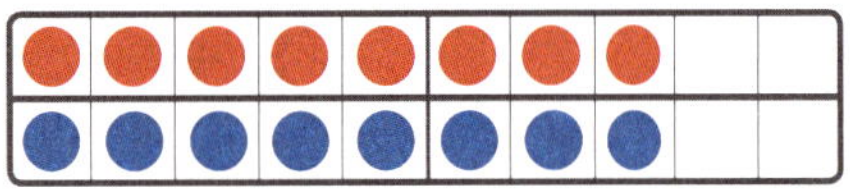

8 + 8 = ___

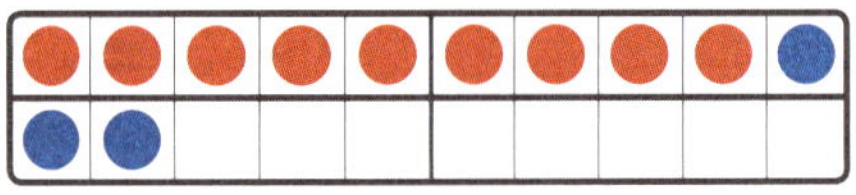

9 + ___ = ___

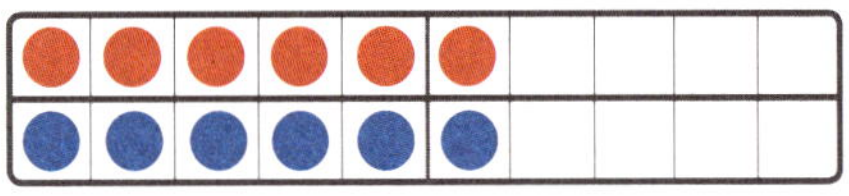

___ + ___ = ___

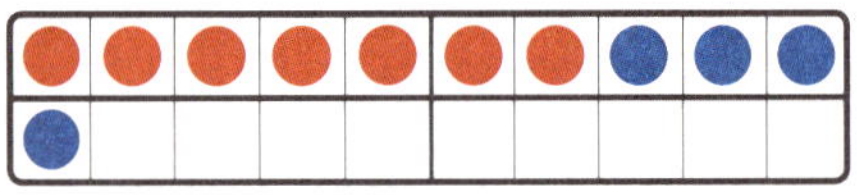

___ + ___ = ___

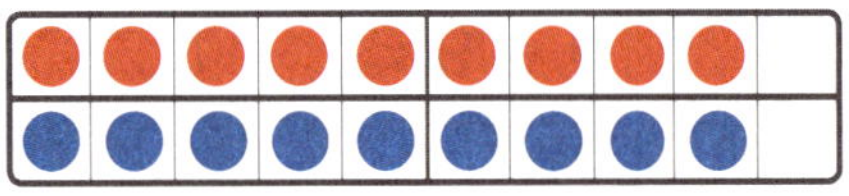

___ + ___ = ___

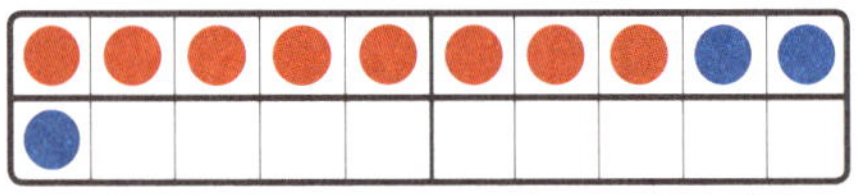

___ + ___ = ___

2

8 + 5 = ___

9 + 6 = ___

6 + 5 = ___

7 + 8 = ___

7 + 7 = ___

9 + 2 = ___

3

6 + 5 = ___	9 + 2 = ___	8 + 8 = ___	7 + 7 = ___
6 + 6 = ___	9 + 3 = ___	8 + 7 = ___	7 + 6 = ___
6 + 7 = ___	9 + 4 = ___	8 + 6 = ___	7 + 5 = ___
6 + 8 = ___	9 + 5 = ___	8 + 5 = ___	7 + 4 = ___

4

9 + 4 = ___	5 + 6 = ___	3 + 8 = ___	9 + 9 = ___
9 + 6 = ___	5 + 8 = ___	6 + 8 = ___	8 + 8 = ___
9 + 8 = ___	5 + 7 = ___	5 + 8 = ___	7 + 7 = ___
9 + 10 = ___	5 + 9 = ___	4 + 8 = ___	6 + 6 = ___

Übungen zur Addition

1

2 + 8 = ___	7 + 3 = ___	4 + 6 = ___	9 + ___ = 10
3 + 8 = ___	8 + 3 = ___	5 + 7 = ___	10 + ___ = 12
4 + 8 = ___	9 + 3 = ___	6 + 8 = ___	11 + ___ = 14
5 + 8 = ___	10 + 3 = ___	7 + 9 = ___	12 + ___ = 16

2

6 + 5 = ___ ___ + ___ = ___
6 + 6 = ___
___ + ___ = ___ ___ + ___ = ___

9 + 8 = ___ ___ + ___ = ___
9 + 9 = ___
___ + ___ = ___ ___ + ___ = ___

3

+	5	6	7
6			
7			
8			

+	4	6	8
7			
8			
9			

+	8	9	7
3			
5			
4			

4 Verbinde.

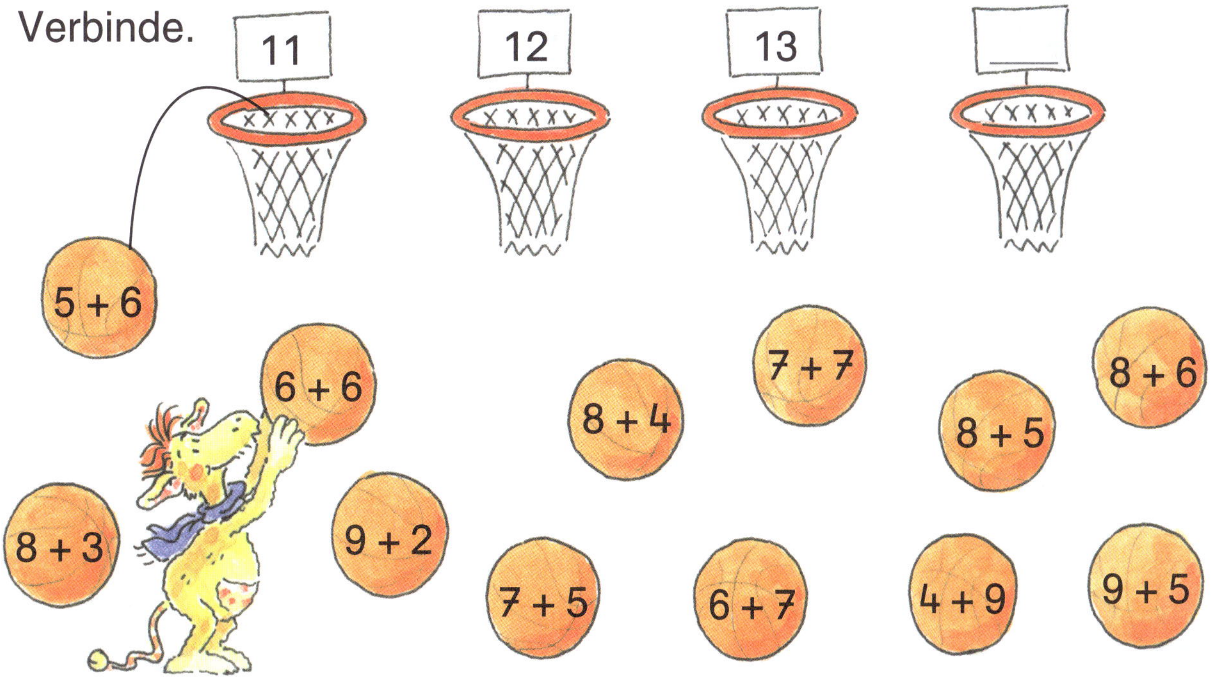

Subtrahieren auf unterschiedliche Weise

1

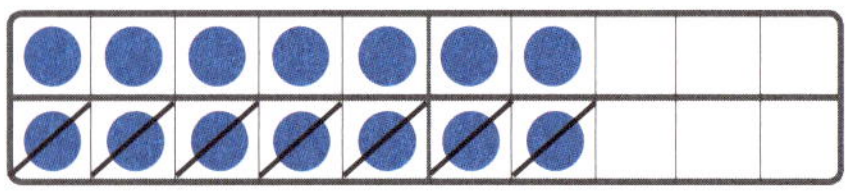

14 – 7 = ___

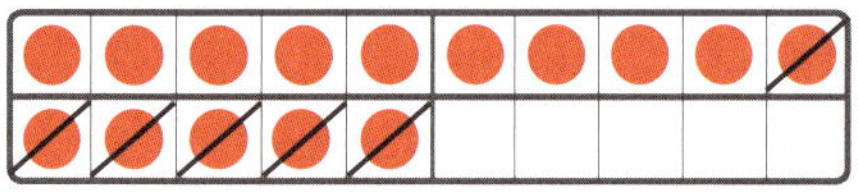

15 – 6 = ___

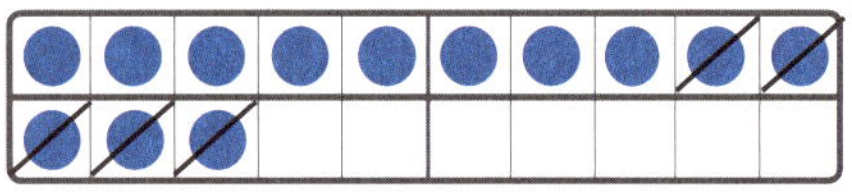

13 – ___ = ___

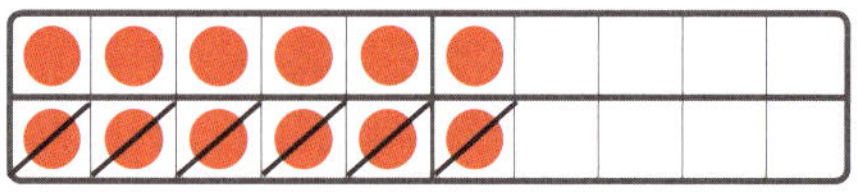

12 – ___ = ___

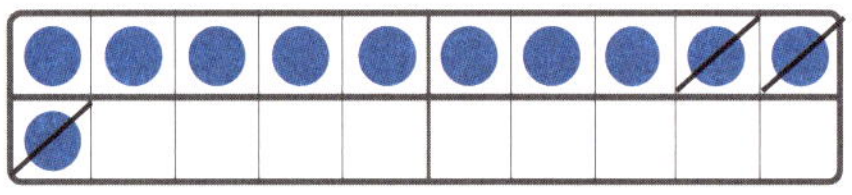

11 – ___ = ___

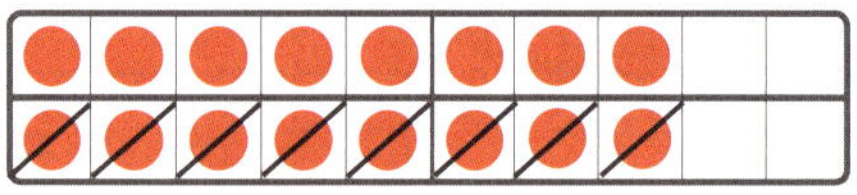

16 – ___ = ___

2

17 – 7 = ___

18 – 9 = ___

13 – 7 = ___

15 – 8 = ___

12 – 4 = ___

11 – 5 = ___

3

13 – 4 = ___	12 – 9 = ___	11 – 8 = ___	15 – 8 = ___
13 – 5 = ___	14 – 9 = ___	13 – 8 = ___	14 – 7 = ___
13 – 6 = ___	16 – 9 = ___	15 – 8 = ___	13 – 6 = ___
13 – 7 = ___	18 – 9 = ___	17 – 8 = ___	12 – 5 = ___

4

10 – 8 = ___	15 – 9 = ___	11 – 3 = ___	19 – 10 = ___
12 – 8 = ___	15 – 7 = ___	11 – 4 = ___	18 – 9 = ___
14 – 8 = ___	15 – 8 = ___	11 – 5 = ___	17 – 8 = ___
16 – 8 = ___	15 – 6 = ___	11 – 6 = ___	16 – 7 = ___

Übungen zur Subtraktion

1

14 – 5 = ___

11 – 8 = ___

13 – 6 = ___

16 – 9 = ___

2

12 – 5 = ___ | ___ – ___ = ___
12 – 6 = ___
___ – ___ = ___ | ___ – ___ = ___

14 – 6 = ___ | ___ – ___ = ___
14 – ___ = ___
___ – ___ = ___ | ___ – ___ = ___

3

–	3	4	5
10			
12			
14			

–	5	6	7
11			
13			
15			

–	10	9	8
11			
13			
17			

4 Verbinde.

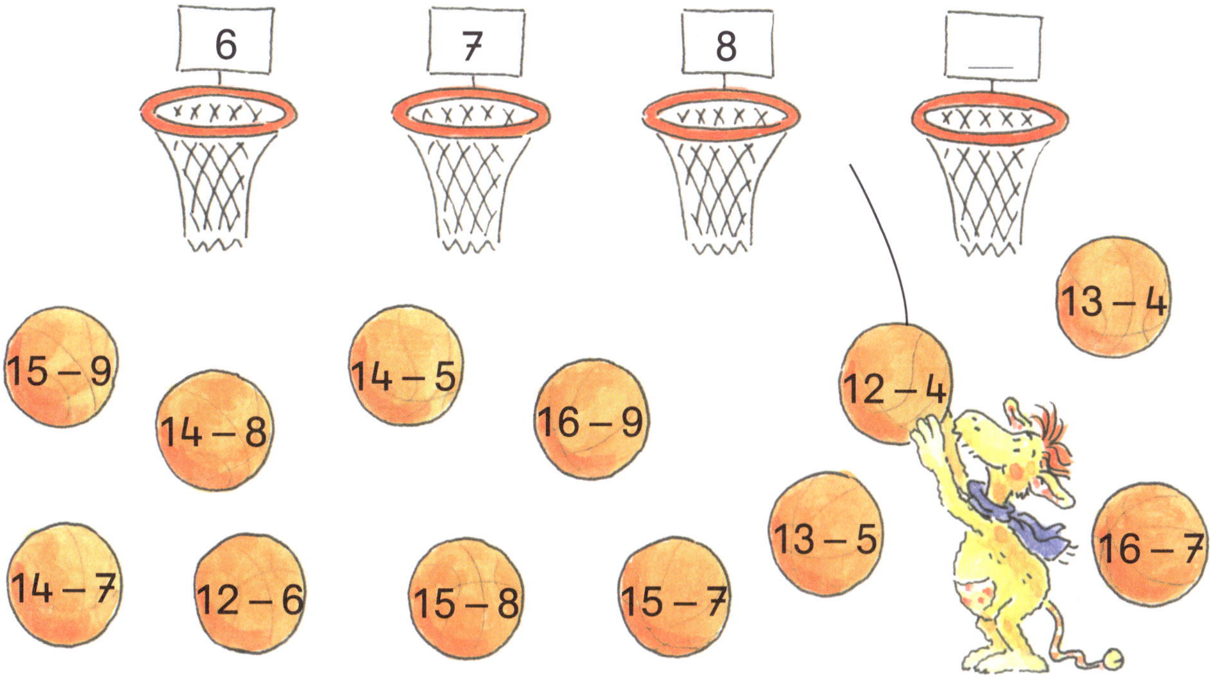

Gerade und ungerade Zahlen, Aufgabenfamilien

1 Gerade Zahlen:

2 ☐ ☐ ☐ ☐

Wie geht es weiter? ☐, ☐, ☐, ☐, ☐

2 Ungerade Zahlen:

☐ ☐ ☐ ☐ ☐

Wie geht es weiter? ☐, ☐, ☐, ☐, ☐

3

7 + 4 = ___
___ + ___ = ___
___ − ___ = ___
___ − ___ = ___

8 9 17

___ + ___ = ___
___ + ___ = ___
___ − ___ = ___
___ − ___ = ___

4

5 12 ◯

___ + ___ = ___
___ + ___ = ___
___ − ___ = ___
___ − ___ = ___

3 19

___
___
19 – 3 = ___
___

◯ ◯ ◯

___
___
___
___

Übungen zur Addition und Subtraktion

1

2

4

Rechnen mit 3 und mehr Zahlen

1 Rechne geschickt.

5 + ___ + ___ = ___

____

____

2 Rechne geschickt.

3 + 7 + 5 = ___
6 + 4 + 8 = ___
7 + 7 + 5 = ___
2 + 8 + 3 = ___

5 + 7 + 5 = ___
9 + 5 + 1 = ___
6 + 7 + 6 = ___
8 + 2 + 8 = ___

3

7 + ___ + 8 = 18
6 + ___ + 5 = 17
___ + 8 + 4 = 14
2 + 9 + ___ = 20

4 Rechne geschickt.

18 – 8 – 6 = ___
15 – 5 – 2 = ___
12 – 6 – 3 = ___
16 – 8 – 5 = ___

17 – 8 – 7 = ___
14 – 6 – 7 = ___
11 – 5 – 1 = ___
12 – 5 – 6 = ___

5

11 – ___ – 1 = 5
19 – 7 – ___ = 3
___ – 5 – 5 = 10
14 – ___ – 7 = 6

6 Setze ein: ⊕ ⊖

7 Setze ein: ⊕ ⊖

Übungen zur Addition und Subtraktion

1

5 + 7 = ___
8 + 3 = ___
7 + 6 = ___
4 + 8 = ___
6 + 5 = ___

5 + 9 = ___
8 + 7 = ___
4 + 9 = ___
7 + 7 = ___
6 + 8 = ___

2

11 – 6 = ___
13 – 4 = ___
12 – 8 = ___
15 – 7 = ___
14 – 6 = ___

16 – 7 = ___
17 – 9 = ___
18 – 9 = ___
16 – 8 = ___
15 – 9 = ___

3

9 + ___ = 14
7 + ___ = 16
5 + ___ = 13
2 + ___ = 11
4 + ___ = 12

6 + ___ = 12
5 + ___ = 11
3 + ___ = 12
8 + ___ = 15
4 + ___ = 11

4

14 – ___ = 9
14 – ___ = 8
14 – ___ = 7
14 – ___ = 6
14 – ___ = 5

13 – ___ = 4
13 – ___ = 5
13 – ___ = 6
13 – ___ = 7
13 – ___ = 8

5

6

7

Sachrechnen

1

___ Kinder warten schon im Zoo.
___ Kinder kommen noch dazu.
Wie viele Kinder sind es zusammen?

Zusammen sind es ___ Kinder.

2

Im Teich sind

___  ___  ___ 

Wie viele Tiere sind im Wasser?

Zusammen sind es ___ Tiere.

3

Im Gehege sind 11 Tiere.
4 davon sind Elefanten.
Wie viele Giraffen sind im Gehege?

Es sind ___ Giraffen im Gehege.

4

Die 14 Kinder sind auf dem Spielplatz.
8 Kinder sind auf der Wippe.
Wie viele Kinder spielen im Holzhäuschen?

___ Kinder spielen im Holzhäuschen.

Sachrechnen (Geld)

1 Sarah hat

Sie kauft:

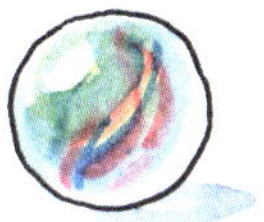

___ Cent

Sie hat noch __ Cent.

2 Niko hat

Er kauft:

___ Cent

Er hat noch __ Cent.

3 Julian hat

Er kauft:

___ Cent

Er hat noch __ Cent.

4 Du hast

Du kaufst:

___ Cent

Du hast noch __ Cent.

102–105

Bild und Spiegelbild

1 Welche Bilder kannst du erspiegeln? Kreuze an.

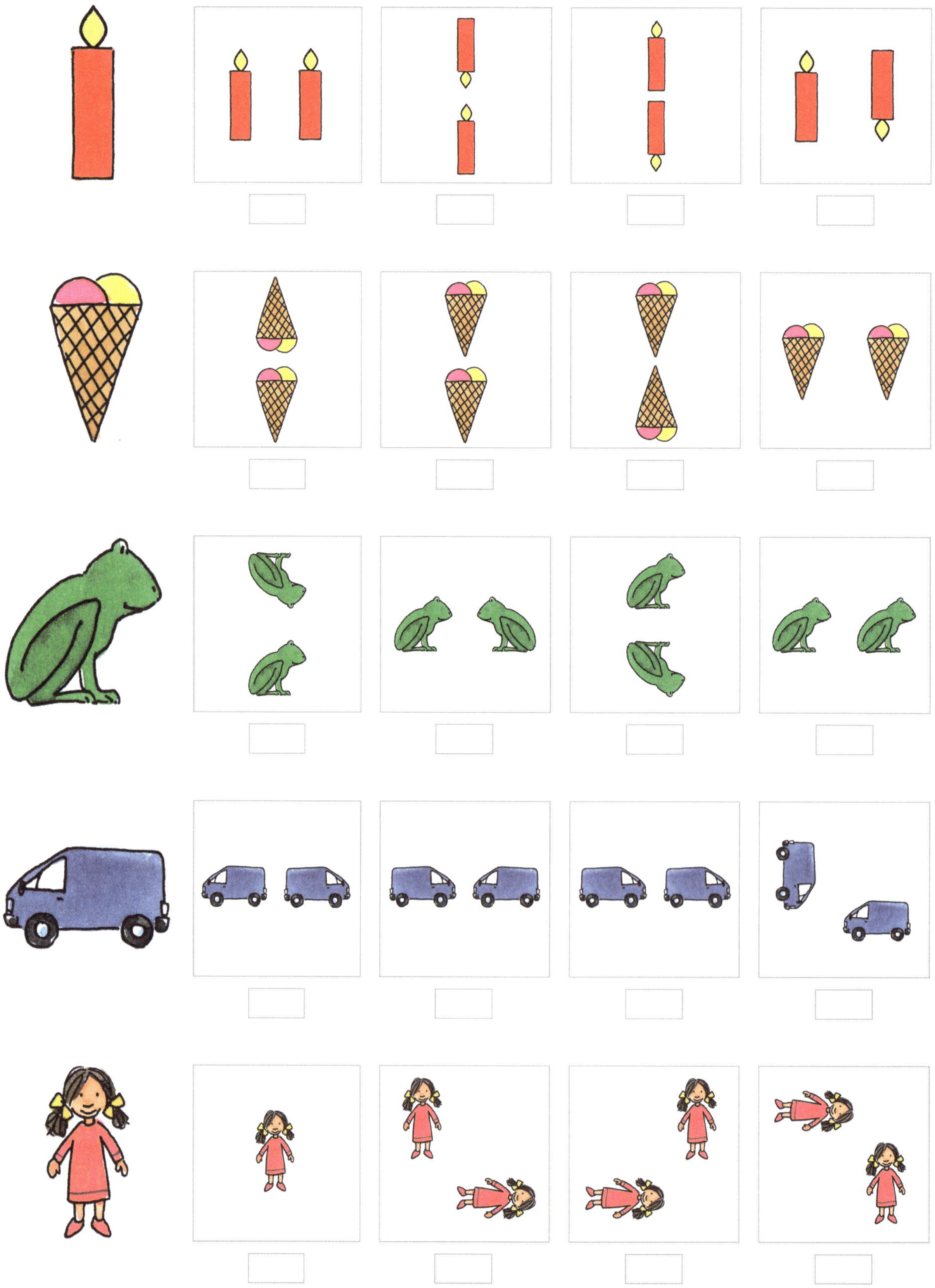

Übungen im Zwanzigerraum

1

14 + 5 = ___	15 + 3 = ___	15 – 4 = ___	17 – 5 = ___
13 + 6 = ___	15 + 4 = ___	18 – 6 = ___	17 – 6 = ___
12 + 7 = ___	15 + 5 = ___	19 – 7 = ___	17 – 7 = ___
11 + 9 = ___	15 + 6 = ___	20 – 3 = ___	17 – 8 = ___

2

			3		5			8		
Anzahl der Kinder	2	4		8		12	14		18	20

3 Wie geht es weiter?

5 + 6 = ___	9 + 8 = ___	16 – 7 = ___	16 – 10 = ___
6 + 7 = ___	8 + 7 = ___	15 – 8 = ___	17 – 11 = ___
7 + 8 = ___	7 + 6 = ___	14 – 9 = ___	18 – 12 = ___
___ + ___ = ___	___ + ___ = ___	___ – ___ = ___	___ – ___ = ___

4

8 + 3	14 – 6	13 – 6	4 + 9
15 – 7	6 + 7	5 + 8	16 – 8
7 + 4	12 – 5	13 – 6	2 + 9

5

13 + 7 = ___	8 + 5 = ___	13 – 7 = ___	14 – 6 = ___
12 + 8 = ___	7 + 6 = ___	17 – 3 = ___	16 – 8 = ___
11 + 9 = ___	13 + 6 = ___	13 – 5 = ___	12 – 4 = ___
11 + 11 = ___	5 + 14 = ___	15 – 7 = ___	14 – 14 = ___

Übungen zur Addition

Aufgabenfamilien und Nachbaraufgaben

1

14 6 8

___ + ___ = ___
___ + ___ = ___
___ − ___ = ___
___ − ___ = ___

16 ___ 9

___ + ___ = ___
___ + ___ = ___
___ − ___ = ___
___ − ___ = ___

___ 19 ___

___ + ___ = ___
___ + ___ = ___
___ − ___ = ___
___ − ___ = ___

2

+	4	5	6
4			
5			
6			

+	7	8	9
7			
8			
9			

−	6	7	8
12			
14			
16			

3

6 + ___ = 12
5 + ___ = 12
4 + ___ = 12
___ + ___ = ___

19 − ___ = 9
18 − ___ = 9
17 − ___ = 9
___ − ___ = ___

19 − ___ = 8
19 − ___ = 7
19 − ___ = 6
___ − ___ = 7

4

+	8	7	6
3			
6			
	17		

+	12	9	
8			15
		16	
5			

−		7	
13			9
15			
17	6		

5

8 + ___ = 14
8 + ___ = 15
8 + 8 = ___
___ + ___ = 17
___ + ___ = 18

___ + ___ = 12
___ + ___ = 12
6 + 6 = ___
7 + ___ = 12
8 + ___ = 12

___ − 9 = 5
___ − 8 = 6
14 − 7 = ___
___ − ___ = 8
___ − ___ = 9

___ − ___ = 9
18 − 9 = ___
17 − ___ = 9
___ − 7 = 9
___ − ___ = 9

Ungleichungen und Gleichungen

1

16 + 4 ○ 12	16 – 5 ○ 12	11 + 5 ○ 17
13 + 5 ○ 16	18 – 3 ○ 15	15 – 6 ○ 11
15 + 2 ○ 17	13 – 6 ○ 5	9 + 9 ○ 18
9 + 6 ○ 16	19 – 10 ○ 8	11 – 7 ○ 5
7 + 8 ○ 17	14 – 2 ○ 10	12 + 8 ○ 19

2

5 + ___ < 13	17 > 11 + ___	7 > ___ – 10
5 + ___ < 13	17 > 11 + ___	7 > ___ – 10
5 + ___ < 13	17 > 11 + ___	7 > ___ – 10
5 + ___ < 13	17 > 11 + ___	7 > ___ – 10
5 + ___ < 13	17 > 11 + ___	7 > ___ – 10

3

8 + ___ = 14	4 + ___ = 16	20 – ___ = 12	15 – ___ = 2
9 + ___ = 15	3 + ___ = 17	20 – ___ = 14	15 – ___ = 3
7 + ___ = 16	5 + ___ = 18	20 – ___ = 16	15 – ___ = 4
6 + ___ = 13	6 + ___ = 20	20 – ___ = 18	15 – ___ = 5
5 + ___ = 12	1 + ___ = 19	20 – ___ = 20	15 – ___ = 6

4 Was ist richtig? Kreuze an. ☒

- 9 + 7 < 15 ☐
- 13 – 7 > 5 ☐
- 15 + 2 < 16 ☐
- 12 – 5 > 8 ☐

- 8 + 3 > 10 ☐
- 14 – 5 > 8 ☐
- 7 + 7 < 13 ☐
- 16 – 9 > 6 ☐
- 11 + 4 < 14 ☐

Rechenblumen

1

2

3 Ergänze.

4

5

5 + 3 + 0	5 + 2 + 6	9 + 2 + 8
4 + __ + 1	5 + __ + 3	9 + __ + 1
5 + 2 + __	1 + 6 + __	8 + 7 + __
__ + 0 + __	__ + 8 + __	__ + 6 + __
__ + __ + __	__ + __ + __	__ + __ + __

Magische Dreiecke

1 Setze die passenden Zahlen ein.

2

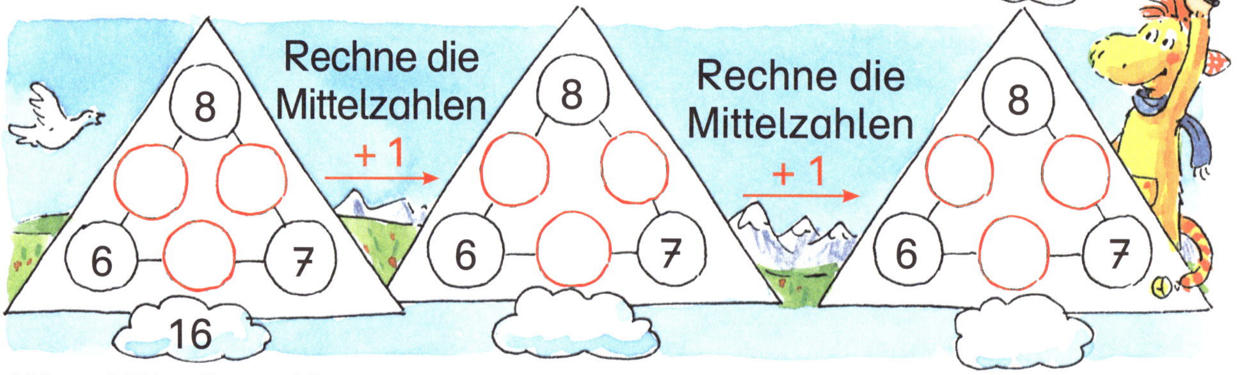

Was fällt dir auf? ______________________

3

Was fällt dir auf? ______________________

4 Setze ein.

5

Sachrechnen

1

Lexi baut.
In der Kiste sind noch 9 weitere Würfel.

Es sind zusammen ___ Würfel.

2

Am Apfelbaum hängen 11 Äpfel. 6 Äpfel werden abgepflückt.

Es bleiben ___ Äpfel am Baum hängen.

3

Jan sammelt Sticker.
Er bekommt 8 Sticker geschenkt.
Jetzt hat er 17 Sticker in seinem Album.

Vorher hatte er ___ Sticker.

Sachrechnen mit Geld

1

Familie Klein bezahlt:
1 Karte für Kinder __ €
2 Karten für Erwachsene ___ €
Zusammen sind das ___ €.

8 + 8 =

2

Jan und Lisa bezahlen:
2 Karten für Kinder __ €
2 Limo __ €
2 Popcorn __ €
Zusammen sind das ___ €.

3

Julie und ihre Oma bezahlen:
1 Karte für Kinder __ €
1 Karte für Erwachsene __ €
2 Limo __ €
1 Brezel __ €
1 Popcorn __ €
Zusammen sind das ___ €.

Uhrzeiten

1 Verbinde.

Es ist 5 Uhr nachmittags.

Es ist 12 Uhr mittags.

Es ist 2 Uhr nachts.

Es ist 19 Uhr.

Es ist 17 Uhr.

2 Schreibe beide Uhrzeiten auf.

3 Uhr	Uhr	Uhr	Uhr	Uhr
Uhr	23 Uhr	Uhr	Uhr	Uhr

3 Ergänze.

	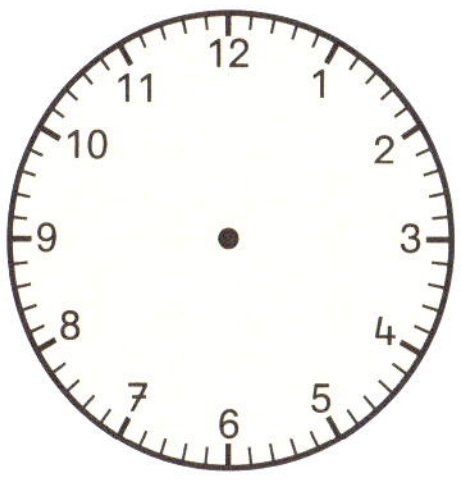	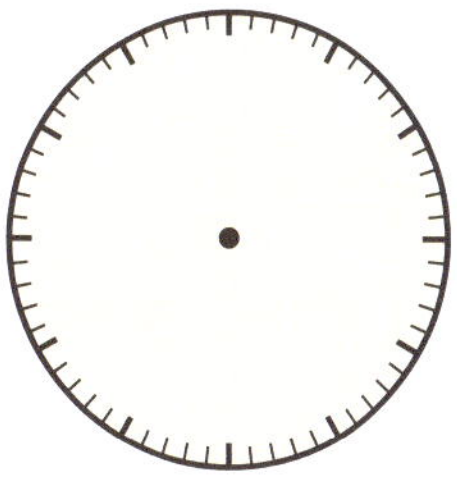	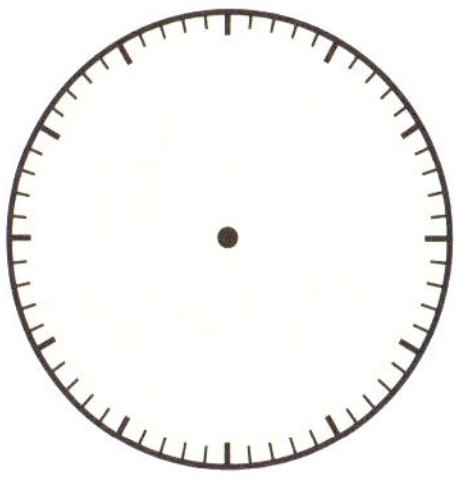
Uhr	Uhr	6 Uhr	Uhr
Uhr	17 Uhr	Uhr	22 Uhr

...20,30,40... 121

Zehnerzahlen

1

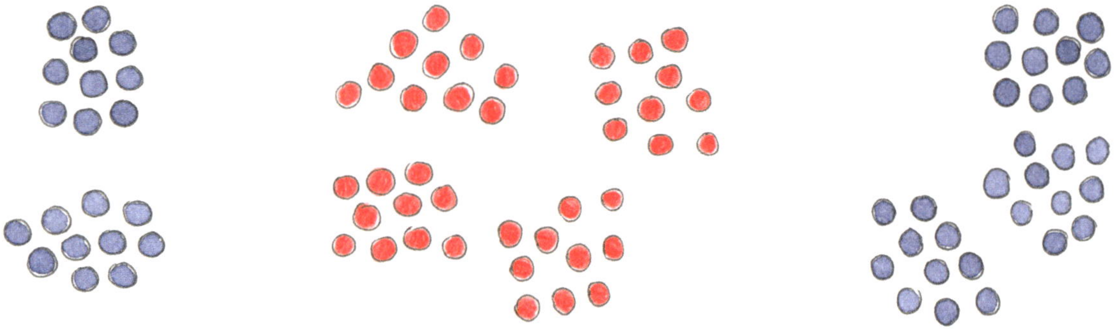

2 Wie viele Punkte?

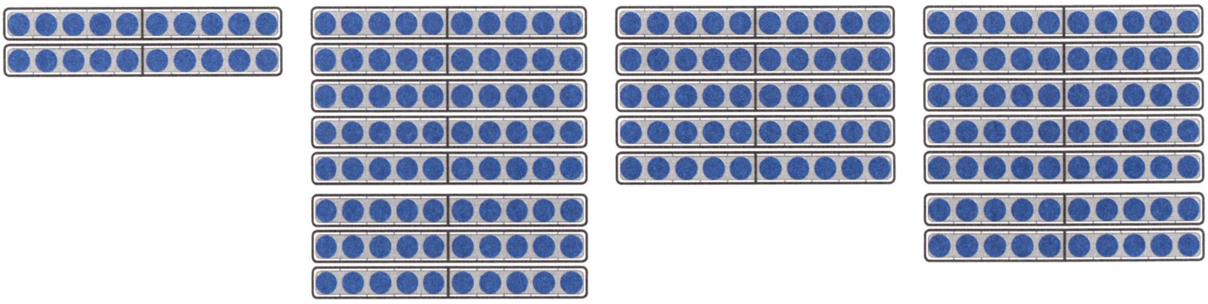

3

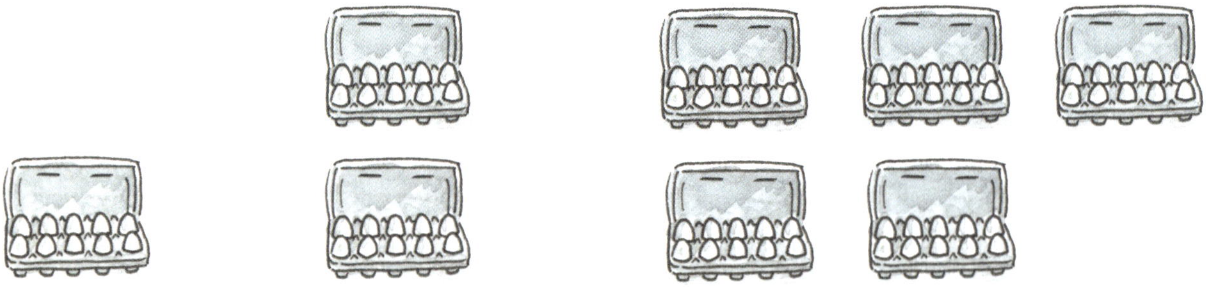

10

4

Schachteln	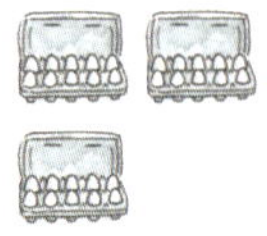	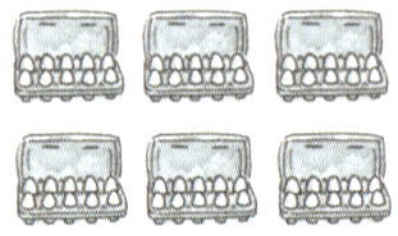	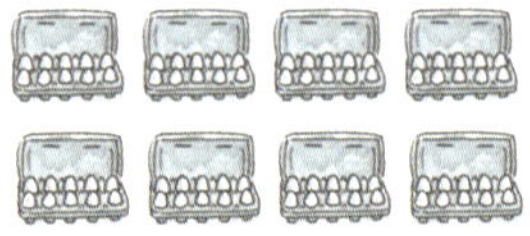	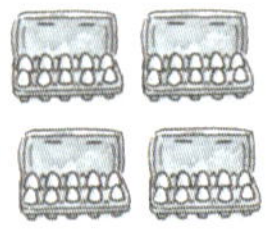
Eier				

Schachteln	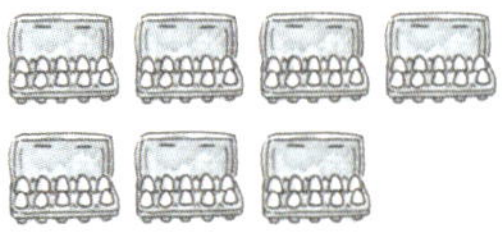	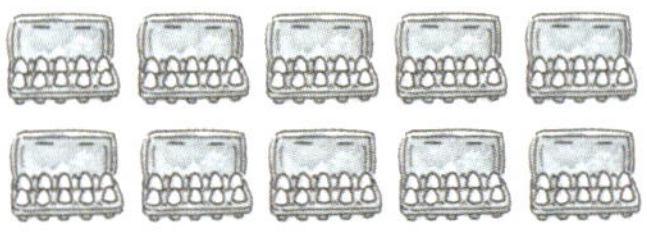	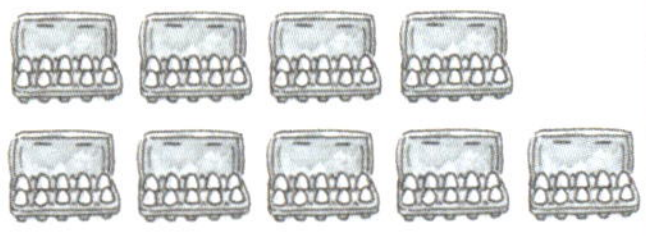
Eier			

Rechnen mit Zehnerzahlen

1

3 + 4 = ___	5 + 2 = ___	7 + 1 = ___	4 + 5 = ___
30 + 40 = ___	50 + 20 = ___	70 + 10 = ___	40 + 50 = ___
9 + 1 = ___	4 + 4 = ___	6 + 3 = ___	2 + 2 = ___
90 + 10 = ___	40 + 40 = ___	60 + 30 = ___	20 + 20 = ___

2

7 – 5 = ___	8 – 3 = ___	9 – 5 = ___	6 – 3 = ___
70 – 50 = ___	80 – 30 = ___	90 – 50 = ___	60 – 30 = ___
4 – 1 = ___	6 – 4 = ___	10 – 5 = ___	9 – 7 = ___
40 – 10 = ___	60 – 40 = ___	100 – 50 = ___	90 – 70 = ___

3

10 + 10 = ___	50 + 40 = ___
20 + 20 = ___	40 + 40 = ___
30 + 30 = ___	30 + 40 = ___
40 + 40 = ___	20 + 40 = ___
50 + 50 = ___	10 + 40 = ___

4

100 – 50 = ___	90 – 10 = ___
90 – 50 = ___	90 – 20 = ___
80 – 50 = ___	90 – 30 = ___
70 – 50 = ___	90 – 40 = ___
60 – 50 = ___	90 – 50 = ___

5

30 + 10	20 + 30	70 – 20	80 – 40
80 – 20	100 – 40	60 – 20	10 + 50
100 – 50	20 + 20	30 + 30	40 + 10

6 Wie heißt die gesuchte Zahl?

Lösung: ___

Lösung: ___

Umzug in die Klasse 2

5 + 6 = ___	6 + 9 = ___
7 + 4 = ___	5 + 7 = ___
8 + 9 = ___	4 + 8 = ___
9 + 9 = ___	7 + 7 = ___
7 + 8 = ___	8 + 3 = ___

zusammen ___ €

10	○	11
17	○	19
20	○	15
11	○	13
16	○	17
13	○	13
18	○	14

___ + ___ = ___
___ + ___ = ___
___ − ___ = ___
___ − ___ = ___

+	7	
3		12
	16	

−	6	
15		7
	13	

12 − 8 = ___
15 − 9 = ___
13 − 7 = ___
14 − 5 = ___
11 − 6 = ___
17 − 8 = ___
20 − 11 = ___

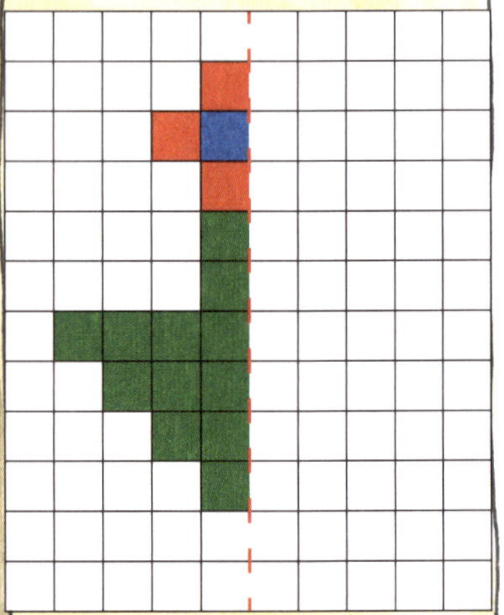

0 Was kann ich schon?

1 Zähle.

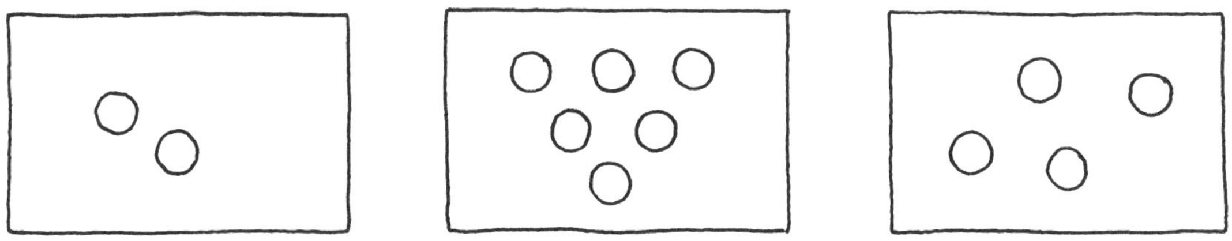

___ ___ ___

2 Male Kästchen aus.

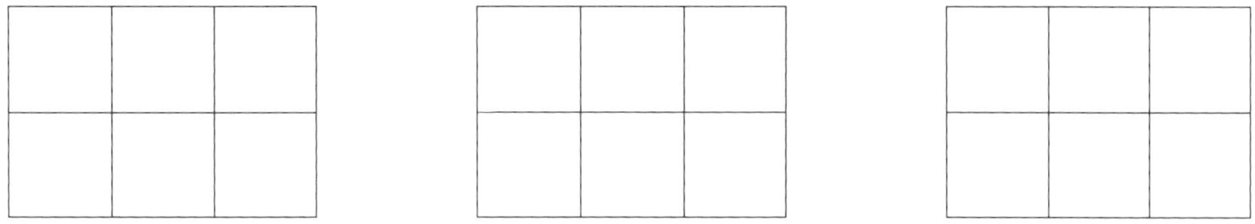

1 3 5

3 Verbinde.

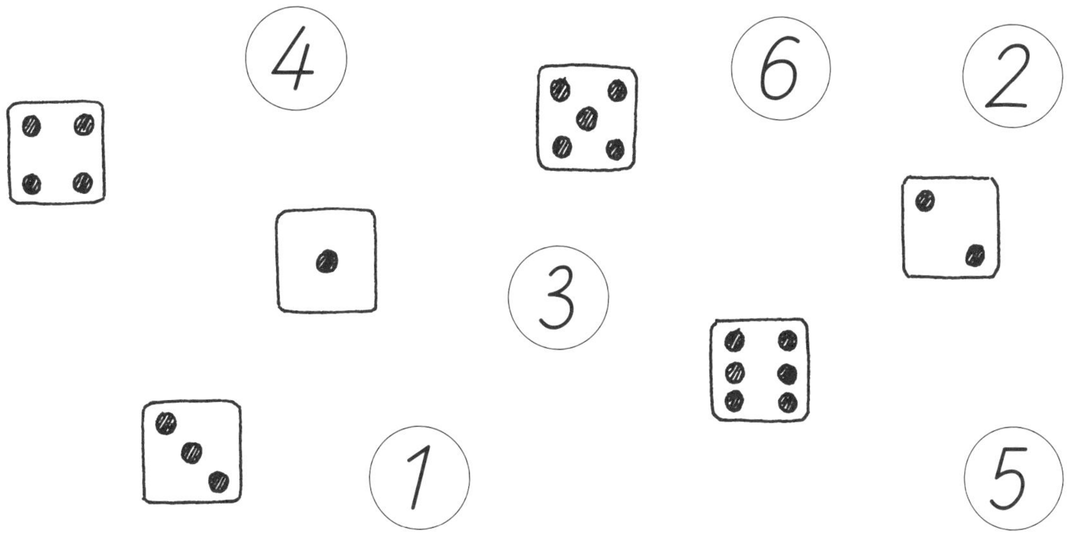

4 Wie viele?

___ ___ ___

5 Welches Teil? Male aus.

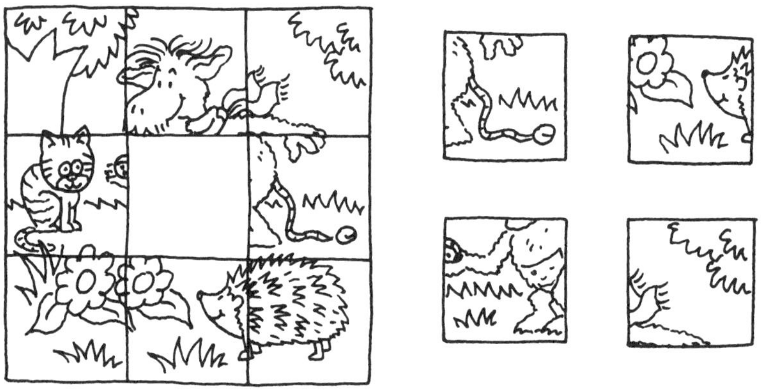

6 Male aus.

Den höchsten Baum:

Die dickste Birne:

Den kleinsten Luftballon:

0 Was kann ich schon?

7 Ergänze.

3	△	5	○ ○ ○
3	○ ○	5	□ □
3	□	5	△

8 Erzähle. Schreibe Aufgaben.

$2 + \_ = \_$ $5 - \_ = \_$

9 Rechne.

$2 + 1 = \_$ $5 - 1 = \_$

$3 + 2 = \_$ $4 - 2 = \_$

$5 + 5 = \_$ $8 - 4 = \_$

10 Ergänze die passende Zahl.

11 Ergänze die passende Zahl.

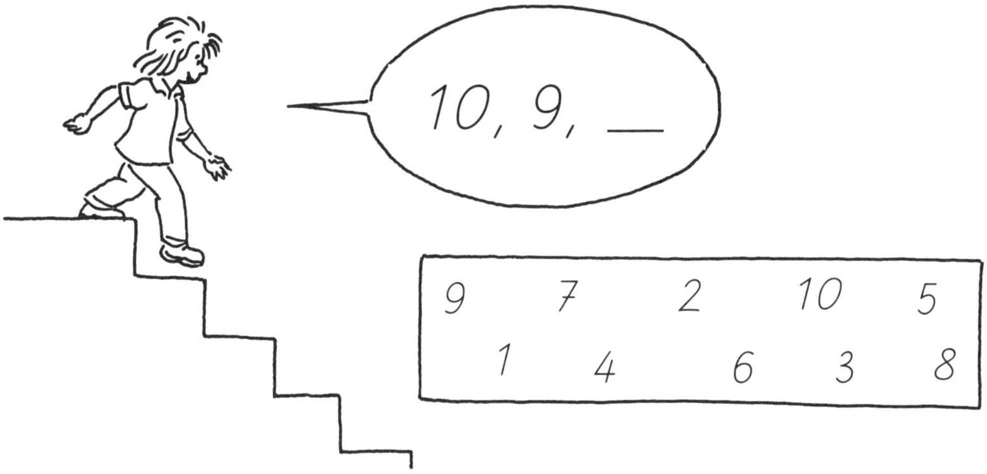

12 Wer läuft nach rechts? Male aus.

Zahlen bis 10

1 Immer 4.

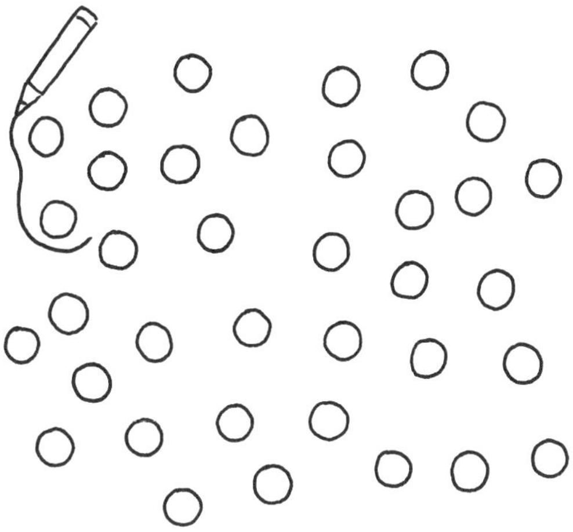

2 Immer 7.

3 Male.

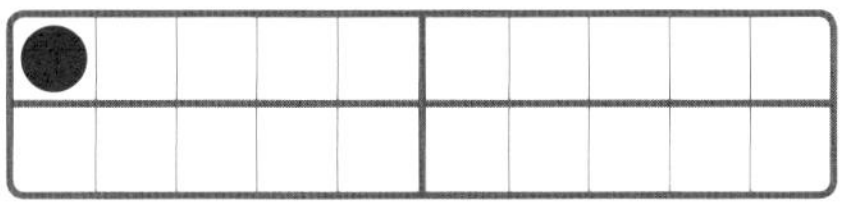

3

5

4 Male.

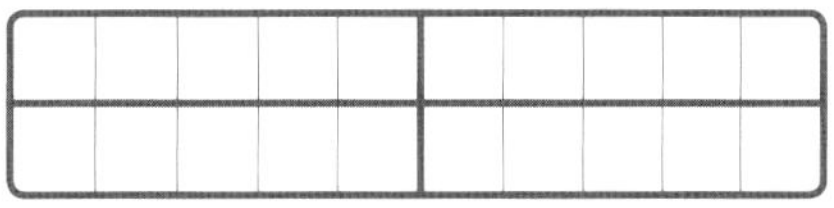

8

10

5

2, 3, 4, __, __

9, 8, 7, __, __

3, 4, 5, __, __

10, 9, 8, __, __

6

Vorgänger	Zahl	Nachfolger
	5	
1		
		10
6		

1 Immer 3.

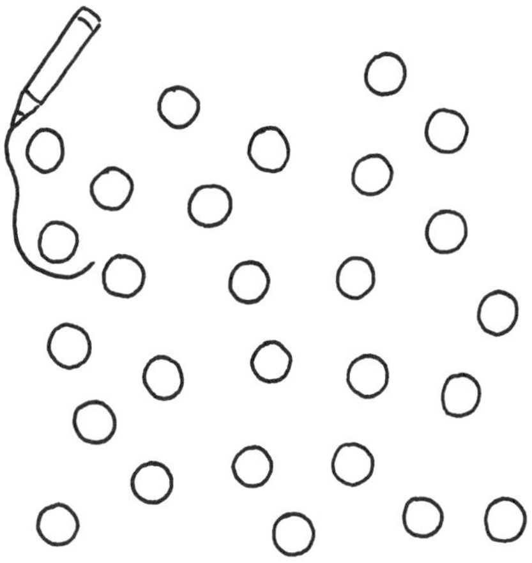

2 Immer 8.

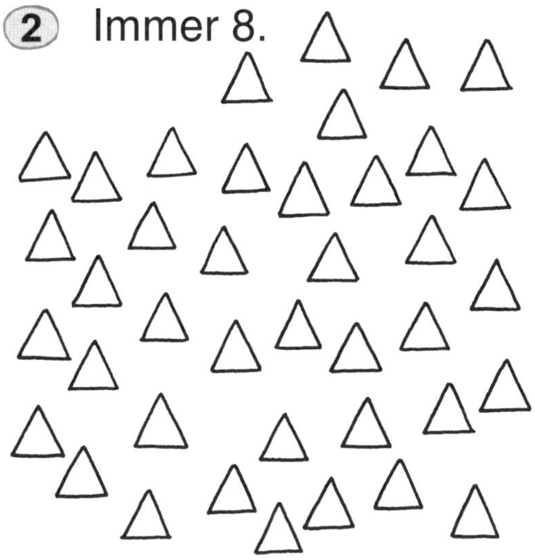

3 Male.

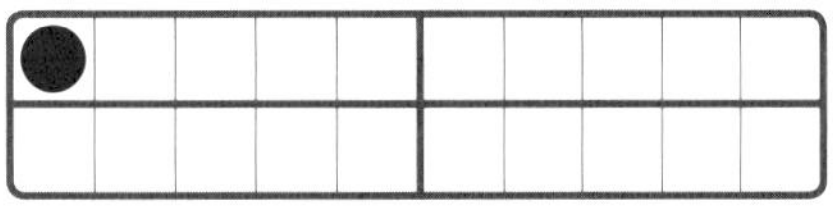

4

5

4 Male.

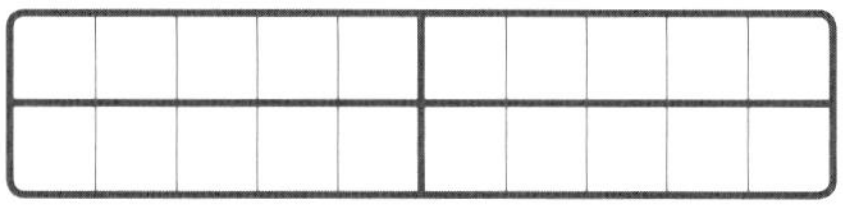

7

10

5

3, 4, 5, __, __

10, 9, 8, __, __

2, 3, 4, __, __

9, 8, 7, __, __

6

Vorgänger	**Z**ahl	**N**achfolger
	4	
1		
		9
6		

Rechnen bis 10

1

3 + __ = __

__ + __ = __

2

6 − __ = __

__ − __ = __

3

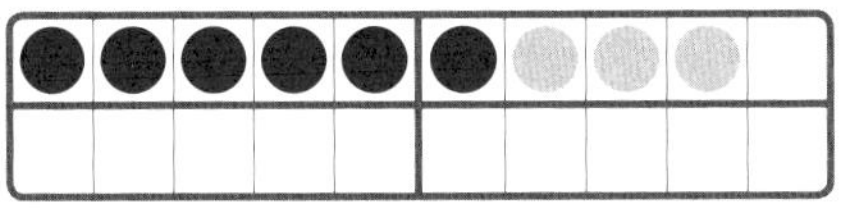

6 + 3 = __

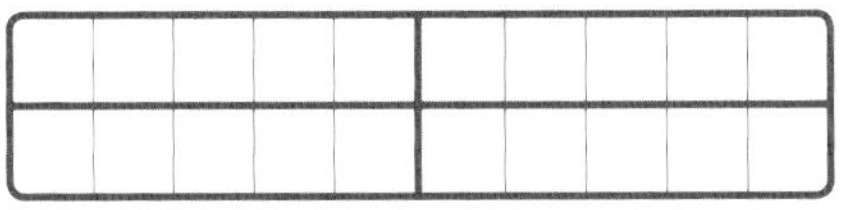

2 + 5 = __

4

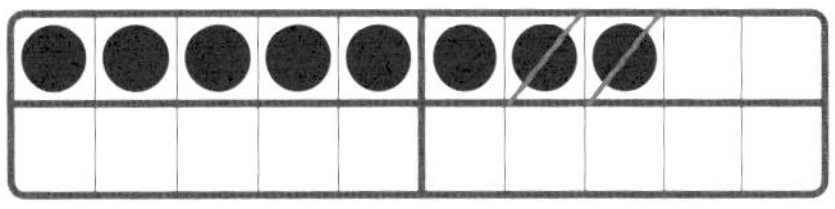

8 − __ = __

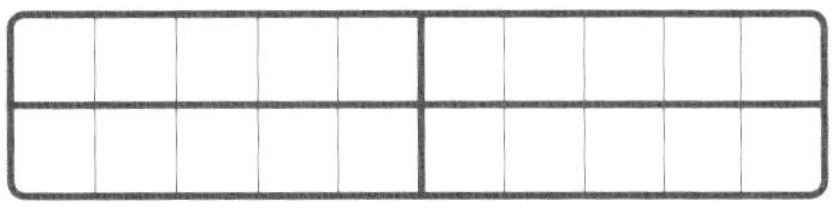

6 − 4 = __

5

5 + 5 = __　　6 + 1 = __
6 + 3 = __　　5 + 2 = __
7 + 1 = __　　4 + 5 = __

9 − 2 = __　　7 − 5 = __
7 − 4 = __　　9 − 3 = __
8 − 3 = __　　10 − 2 = __

6

8 + __ = 10　　9 + __ = 10
7 + __ = 10　　5 + __ = 10
6 + __ = 10　　4 + __ = 10

10 − __ = 5　　10 − __ = 6
10 − __ = 4　　10 − __ = 2
10 − __ = 3　　10 − __ = 1

1

4 + ___ = ___

___ + ___ = ___

2

5 − ___ = ___

___ − ___ = ___

3

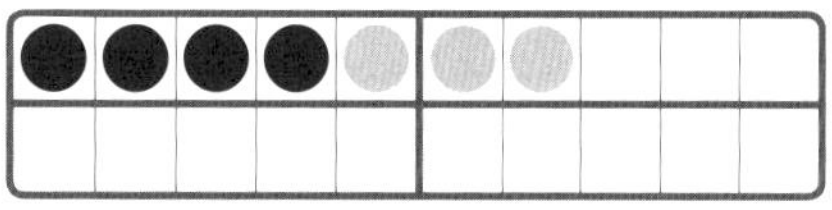

4 + 3 = ___

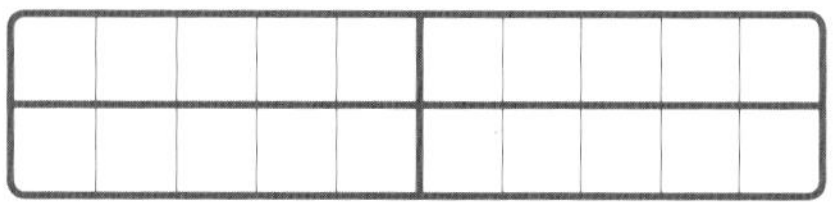

2 + 6 = ___

4

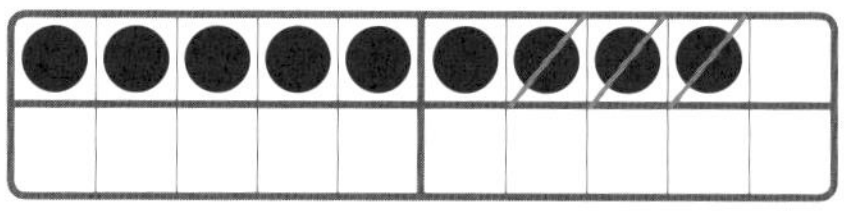

9 − ___ = ___

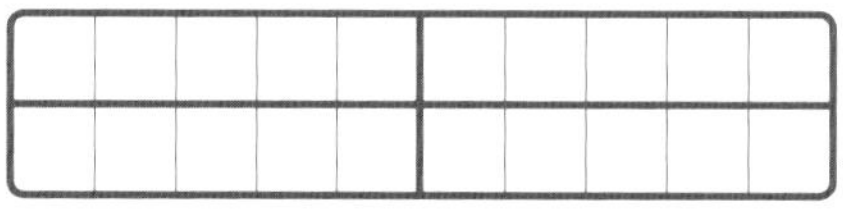

7 − 5 = ___

5

4 + 5 = ___
5 + 3 = ___
6 + 1 = ___

6 + 3 = ___
7 + 2 = ___
5 + 5 = ___

10 − 2 = ___
9 − 3 = ___
8 − 4 = ___

7 − 3 = ___
9 − 4 = ___
8 − 2 = ___

6

9 + ___ = 10
8 + ___ = 10
7 + ___ = 10

6 + ___ = 10
5 + ___ = 10
3 + ___ = 10

10 − ___ = 6
10 − ___ = 4
10 − ___ = 2

10 − ___ = 3
10 − ___ = 5
10 − ___ = 7

① Zähle die Würfel.

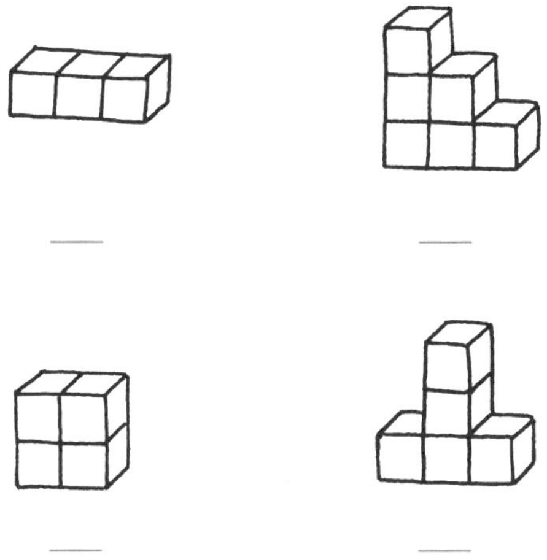

② Verbinde.

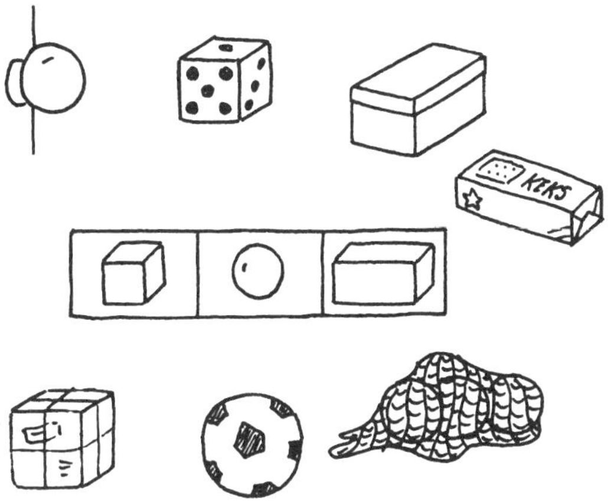

③ Zeichne ab.

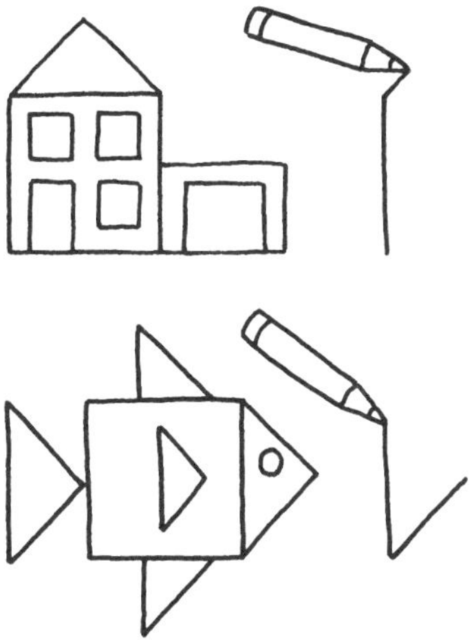

④ Setze fort.

⑤ Immer 10 Cent. Male.

⑥ Wer hat am meisten getrunken?

Wer hat am wenigsten gegessen?

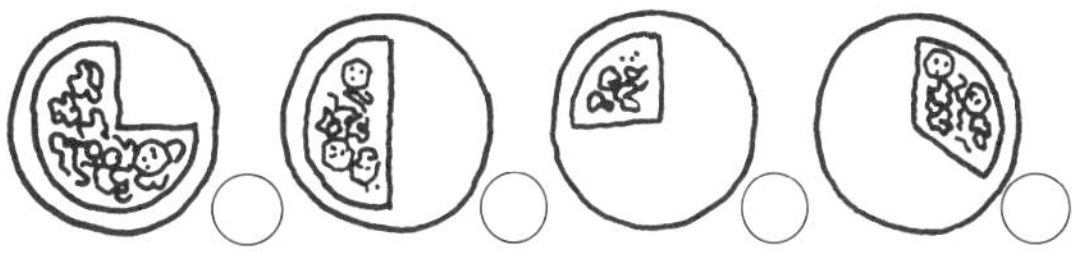

1 Zähle die Würfel.

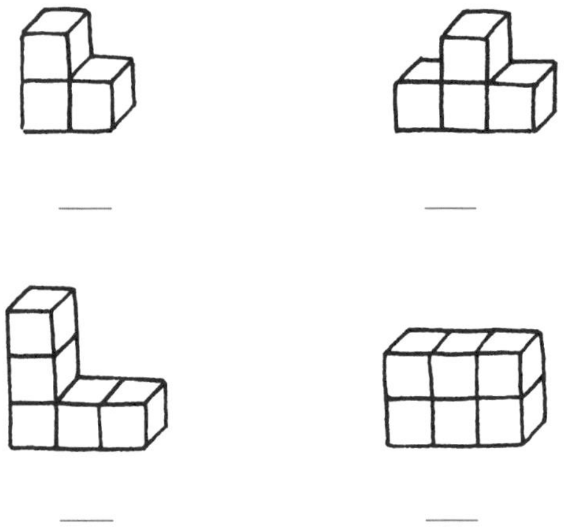

2 Verbinde.

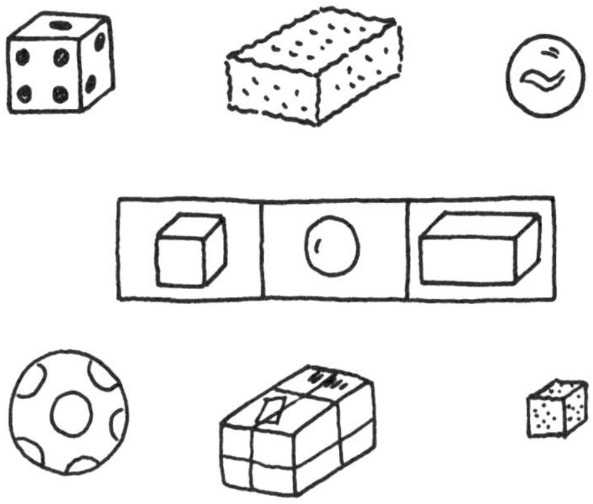

3 Zeichne ab.

4 Setze fort.

5 Immer 10 Cent. Male.

6 Wer hat am meisten getrunken?

Wer hat am wenigsten gegessen?

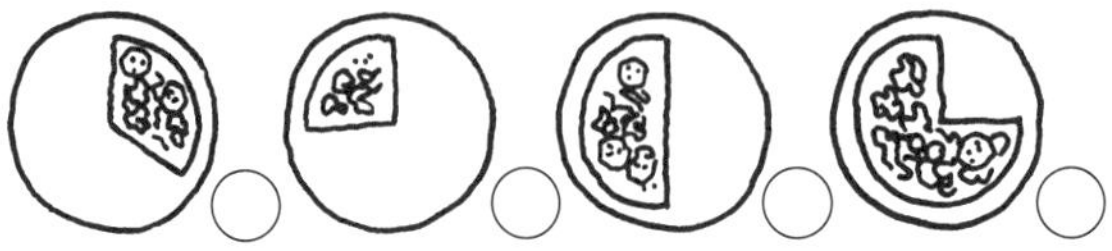

1 Wie viele?

___

___

2 Wie viele?

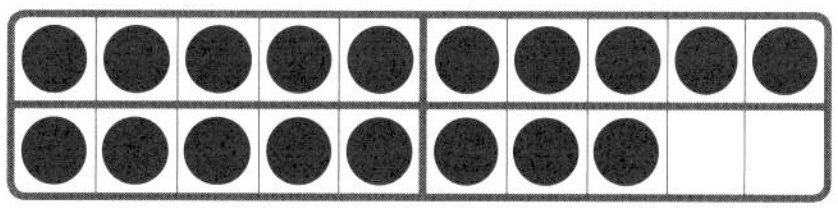

___

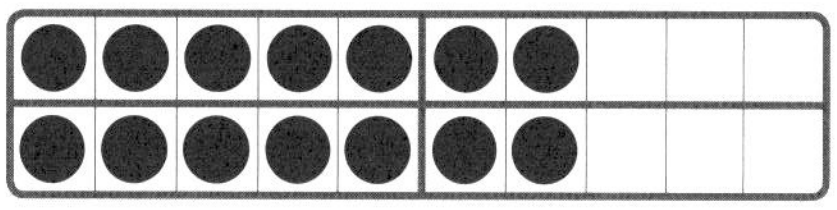

___

3 Male.

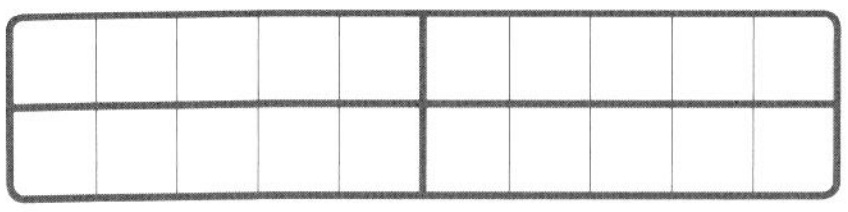

19

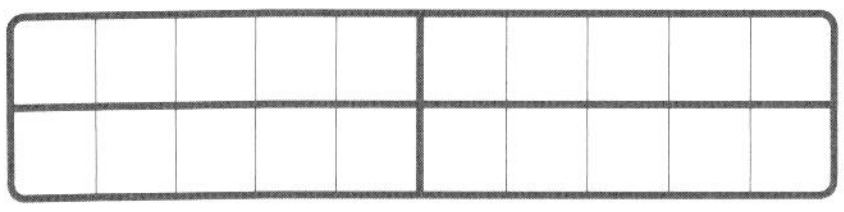

9

4 <, > oder =?

7 ◯ 9

6 ◯ 8

17 ◯ 19

0 ◯ 9

18 ◯ 18

16 ◯ 19

12 ◯ 2

10 ◯ 7

5 Ordne.

1 8 18 7 19 11 10

1, ___

6

Vorgänger	Zahl	Nachfolger
	6	
		10
19		
		17
11		
	14	

1 Wie viele?

___

___

2 Wie viele?

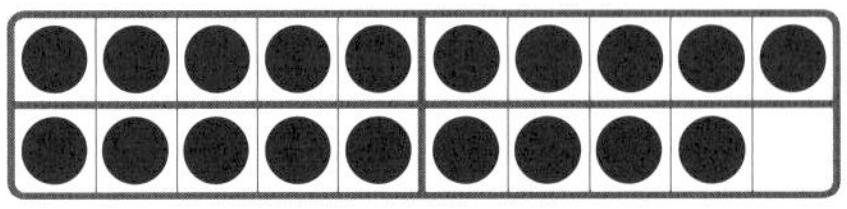

___

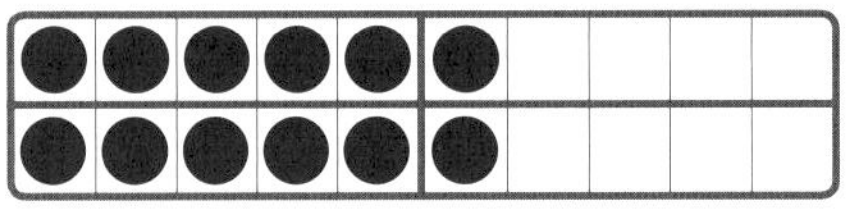

___

3 Male.

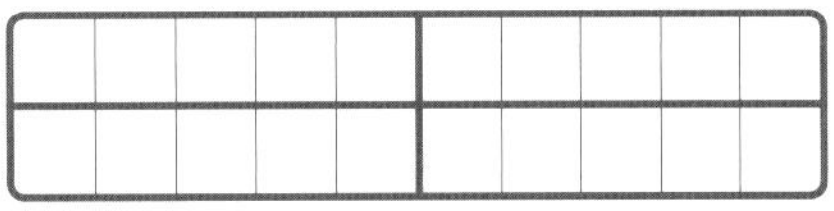

18

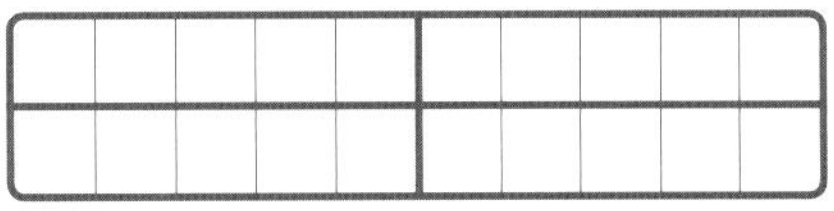

8

4 <, > oder =?

6	◯	8	10	◯	7
16	◯	18	15	◯	17
20	◯	20	9	◯	9
11	◯	1	19	◯	16

5 Ordne.

1   8   17   7   20   10   12

1, ___

6

Vorgänger	Zahl	Nachfolger
	7	
10		
	20	
		15
16		
		20

1 Male und rechne.

7 + 7 = ___

8 + 5 = ___

2 Male und rechne.

12 – 6 = ___

15 – 7 = ___

3

6 + 6 = ___ 10 – 5 = ___
8 + 8 = ___ 14 – 7 = ___
10 + 10 = ___ 18 – 9 = ___

8 + 6 = ___ 16 – 9 = ___
9 + 7 = ___ 15 – 0 = ___
10 + 8 = ___ 14 – 12 = ___

4

+	3	5	7	9
10				
8				
6				

–	4	6	8	10
20				
15				
10				

5 Bilde 4 Aufgaben mit dem Ergebnis 10.

___ ___
___ ___

Bilde 4 Aufgaben mit dem Ergebnis 20.

___ ___
___ ___

6

Tim hat ___ Stifte.

Seine Mutter gibt ihm noch 4 Stifte.

Tim hat jetzt ___ Stifte.

1 Male und rechne.

6 + 6 = ___

7 + 5 = ___

2 Male und rechne.

14 – 7 = ___

15 – 8 = ___

3

5 + 5 = ___   12 – 6 = ___
7 + 7 = ___   16 – 8 = ___
9 + 9 = ___   20 – 10 = ___

8 + 5 = ___   15 – 9 = ___
9 + 6 = ___   14 – 0 = ___
10 + 7 = ___   13 – 11 = ___

4

+	4	6	8	10
10				
9				
7				

–	3	5	7	9
20				
16				
10				

5 Bilde 4 Aufgaben mit dem Ergebnis 10.

___________ ___________

___________ ___________

Bilde 4 Aufgaben mit dem Ergebnis 20.

___________ ___________

___________ ___________

6

Lena hat ___ Stifte.

Oma gibt ihr noch 4 Stifte.

Lena hat jetzt ___ Stifte.

1 Zähle die Würfel.

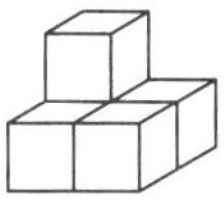 ___

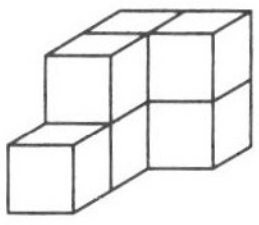 ___

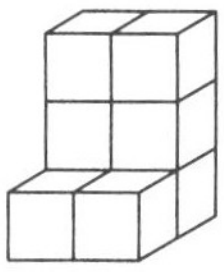 ___

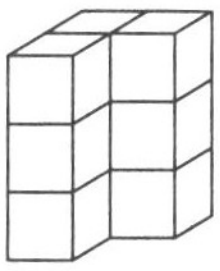 ___

2 Färbe: Dreiecke – grün, Quadrate – rot, Rechtecke – blau.

3 Wie viel Euro?

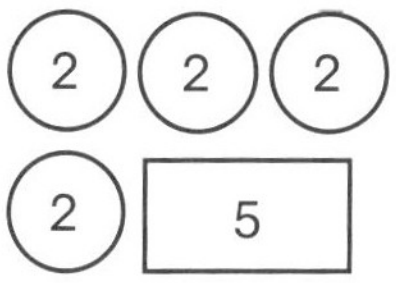

___ €

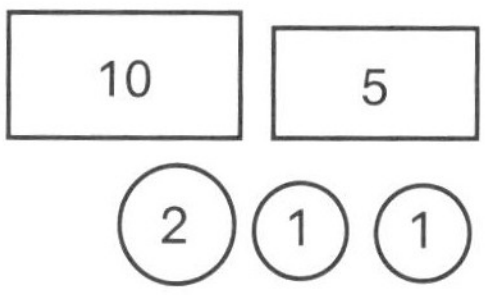

___ €

Zeichne.

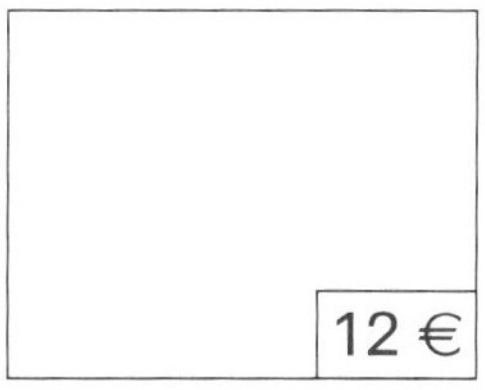

4 Wie spät ist es?

___ Uhr

___ Uhr

Zeichne die Zeiger ein.

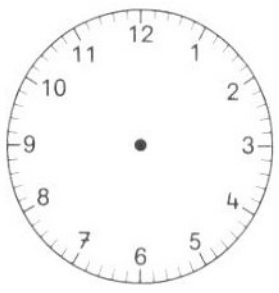

6 Uhr

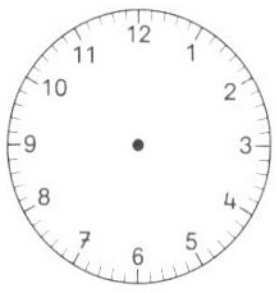

9 Uhr

5

Anna kauft:

Es kostet zusammen ___ Euro.

6

Ich kaufe:

Ich gebe:

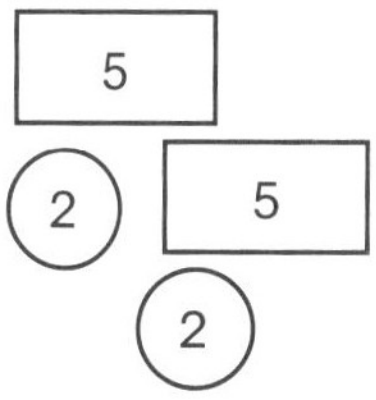

Zurück: ___ Euro

1 Zähle die Würfel.

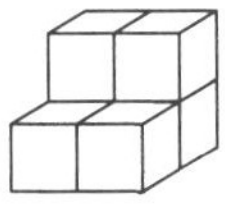 ___

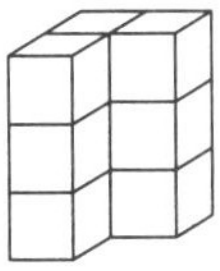 ___

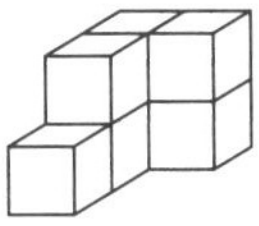 ___

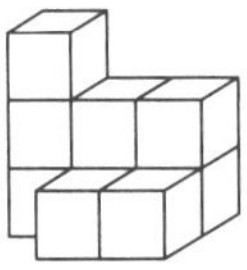 ___

2 Färbe: Dreiecke – grün, Quadrate – rot, Rechtecke – blau.

3 Wie viel Euro?

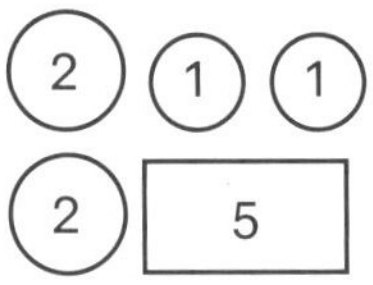

___ €

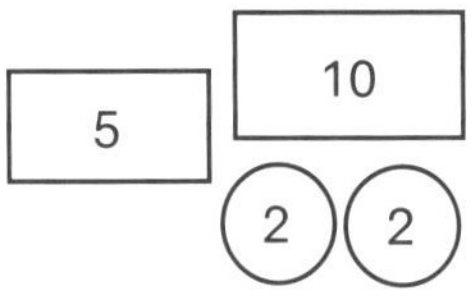

___ €

Zeichne.

14 €	20 €

4 Wie spät ist es?

___ Uhr

___ Uhr

Zeichne die Zeiger ein.

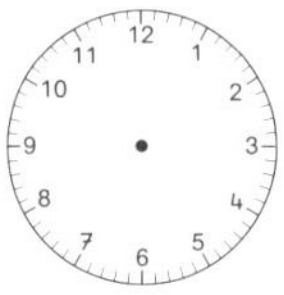

4 Uhr

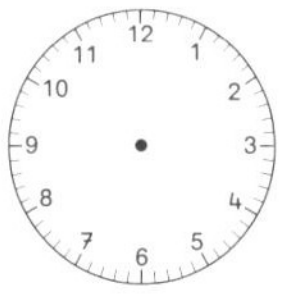

11 Uhr

5

Tom kauft:

Es kostet zusammen ___ Euro.

6

Ich kaufe:

Ich gebe:

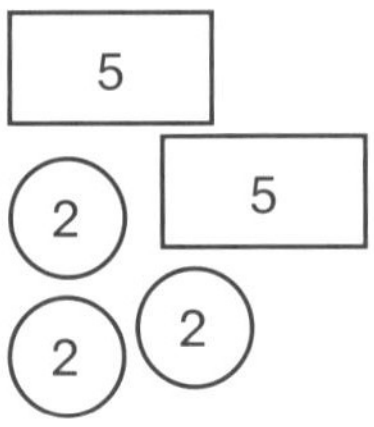

Zurück: ___ Euro